ALZHEIMER:
Quando nossa mente fala

LISA SNYDER

Tradução:
Vanina Carrara Sigrist
Rodolfo Eduardo Scachetti

ALZHEIMER:
Quando nossa mente fala

PAPIRUS EDITORA

© 2009, Health Professions Press, Inc.
Título da edição original: *Speaking our minds:*
What it's like to have Alzheimer's – Revised Edition
Publicado nos EUA por Health Professions Press, Inc.

Tradução: Vanina Carrara Sigrist e
Rodolfo Eduardo Scachetti
Capa: Fernando Cornacchia
Coordenação: Ana Carolina Freitas e Beatriz Marchesini
Diagramação: DPG Editora
Copidesque: Daniele Débora de Souza
Revisão: Ademar Lopes Junior, Bruna Fernanda Abreu
e Isabel Petronilha Costa

Dados Internacionais de Catalogação na Publicação (CIP)
(Câmara Brasileira do Livro, SP, Brasil)

Snyder, Lisa
   Alzheimer: Quando nossa mente fala/Lisa Snyder; [tradução
Vanina Carrara Sigrist e Rodolfo Eduardo Scachetti]. –
Campinas, SP: Papirus, 2013.

   Título original: Speaking our minds: What it's like to have Alzheimer's
   ISBN 978-85-308-1049-8

   1. Cuidadores – Aspectos psicológicos 2. Doença de Alzheimer –
Pacientes – Cuidados e tratamentos 3. Doença de Alzheimer –
Pacientes – Relações com a família 4. Gerontologia I. Título.

13-07245   CDD-150

Índice para catálogo sistemático:

1. Doença de Alzheimer: Relações familiares: Aspectos psicológicos 150

Exceto no caso de citações, a grafia
deste livro está atualizada segundo o
Acordo Ortográfico da Língua Portuguesa
adotado no Brasil a partir de 2009.

Proibida a reprodução total ou parcial
da obra de acordo com a lei 9.610/98.
Editora afiliada à Associação Brasileira
dos Direitos Reprográficos (ABDR).

DIREITOS RESERVADOS PARA A LÍNGUA PORTUGUESA:
© M.R. Cornacchia Livraria e Editora Ltda. – Papirus Editora
R. Dr. Gabriel Penteado, 253 – CEP 13041-305 – Vila João Jorge
Fone/fax: (19) 3272-4500 – Campinas – São Paulo – Brasil
E-mail: editora@papirus.com.br – www.papirus.com.br

Para Elizabeth Sellon, que, quando a memória falhava,
nunca esquecia como ver a beleza.

Para Jeannette Irwin, que, quando as palavras se perdiam,
nunca falhava ao expressar seu amor.

Sumário

Agradecimentos 9

Prefácio de Steven R. Sabat 11

Prefácio à edição revista 17

PARTE 1: OUVIR 21

PARTE 2: DIZER 33

Bea 35

Bill 53

Jean 77

Bob 101

Booker 119

Betty 131

Consuelo 153

PARTE 3: RESPONDER 171

Questões para discutir 187

Apêndice 189

Agradecimentos

Muitas conversas inestimáveis impulsionaram a criação e o desenvolvimento deste manuscrito. Meu trabalho não seria possível sem o apoio do Centro de Pesquisas sobre a Doença de Alzheimer Shiley-Marcos, da Universidade da Califórnia, em San Diego. É um privilégio trabalhar com um grupo de colegas tão dedicados e competentes. Estou em débito com os falecidos médicos Leon Thal e Robert Katzman, pela sabedoria, pelo comprometimento e pelo indomável entusiasmo que trouxeram aos seus trabalhos nessa área. Suas contribuições para partes deste manuscrito foram de valor inestimável. A doutora Cecily Jenkins forneceu um inteligente *feedback* que ajudou a moldar a estrutura do livro; a enfermeira Doris Bower e a conselheira familiar Sheila Arneson auxiliaram a organizar nossos primeiros grupos de apoio a pessoas com Alzheimer, onde muitas conversas se desenrolaram. O doutor David Salmon foi uma fonte paciente e valiosa sobre as complexidades da neuropsicologia; os médicos Douglas Galasko e Ron Ellis ofereceram consultorias úteis em genética e contribuíram para garantir a exatidão do manuscrito. No Centro de Diagnóstico e Tratamento para a Doença de Alzheimer da Universidade da Califórnia, sou grata ao falecido médico J. Edward Jackson, por seu encorajamento para seguir este projeto. Ele era um clínico brilhante e piedoso, que dedicou generosamente seu tempo e seus pensamentos durante a evolução deste livro. Agradecimentos

Alzheimer 9

especiais à enfermeira Kim Butrum, por me apresentar a Bea e por seu infalível comprometimento com seus pacientes, e à assistente social Susan Shepherd, que me empregou como uma residente graduada em serviço social em 1986 e me convidou para entrar no mundo do Alzheimer.

Minha gratidão ao doutor Steve Sabat, por seu entusiasmo e sabedoria profundamente inspiradores; ao conselheiro médico Mike Splaine por oferecer uma rica perspectiva, candura e uma entrevista mobilizadora; à doutora Dorian Polson, que foi minha mentora ao longo de tantos níveis de aprendizado; à conselheira familiar Sue Kirk, que foi quem aumentou minha conscientização. Steven e Marty Ornish compartilharam generosamente suas habilidades profissionais, suas percepções pessoais e sua amizade duradoura ao longo deste projeto; Murna Downs, Brian Holmes, Vicki Austin-Smith, Greg Smith, Lee Knight, Scott Smith, Bea Burch, Lizzie Byrd, Lana Wilson, Kent Wilson, Gwen Fieldhouse, Betty Backus, Michael Longuet-Higgins e Gail White forneceram *feedback* útil.

Muitos agradecimentos vão à minha equipe original de editoria e de publicação da *W.H. Freeman and Company*, e a Terry Parish, pela capa da primeira edição.

Minha gratidão sincera a Mary Magnus, Cecilia González e Kristi Maxwell, da *Health Professions Press*, bem como a Joyce Weston e Mindy Dunn, por ajudarem a trazer vida nova a esta edição revista.

Todos os dias meu trabalho ilumina o impacto da família – daquela dentro da qual nascemos e daquela que nós criamos. Sou grata a meu falecido pai, John Snyder, que leu capítulos do manuscrito com atenção cuidadosa e cujo interesse genuíno por pessoas foi fundamental para moldar o meu; à minha mãe, Jennifer Snyder, cuja criatividade e fascinação pela vida são uma inspiração contínua; a meus irmãos, Bob Snyder, Kathy Vaughn e Becky Wong, que têm me oferecido tanto amor ao longo dos anos; a Jeff Wong, que leu a proposta do meu livro com um olho clínico; e a Hillary Snyder, por seu apoio encorajador. Eu estendo minha mais profunda apreciação ao meu marido, Jeff Irwin, que foi prestativo em dispersar minhas neblinas ocasionais com o seu ouvir paciente e imaginativo, e que me apoiou neste projeto com sua presença criativa e alegre.

Prefácio

Desde 1906, quando o médico alemão Alois Alzheimer descobriu o que chamou de "uma doença peculiar do córtex cerebral", seguindo as décadas até o final do século XX, a doença de Alzheimer tem sido entendida primordialmente de uma perspectiva médica, ou seja, como doença. Desse ponto de vista, o Alzheimer é compreendido apenas em termos de sintomas e causas biológicas. A voz médica tem predominantemente educado as pessoas a respeito do Alzheimer nos meios de comunicação de massa, enfatizando o que está errado com aqueles que têm a doença. Como resultado, os familiares-cuidadores frequentemente veem seus entes queridos principalmente em termos do que não podem fazer, e como deixaram de ser quem costumavam ser, a ponto de não terem mais um eu. De fato, um cuidador que assistia a uma palestra que eu oferecia sobre as habilidades que permanecem intactas em pessoas com Alzheimer estourou: "Eles não sabem mais nada". Infelizmente, o termo *demente*, frequentemente aplicado a pessoas com diagnóstico de Alzheimer, literalmente significa *não ter mente*, uma descrição que não poderia ser mais depreciativa ou distante da verdade.

Mesmo quando o diagnóstico de provável Alzheimer é dado pela primeira vez, a esperança é, com frequência, perdida e depois substituída pela crença de que essa doença é "o longo adeus" durante o qual o corpo de alguma maneira persiste, mesmo quando a mente se vai. Ainda que os pesquisadores e especialistas da área médica historicamente tenham obtido inúmeros benefícios para a saúde física das pessoas, as noções de "pacientes dementes" e "o longo adeus" são, infelizmente, subprodutos da perspectiva médica, especialmente para famílias que creem que não há nada a fazer por um familiar com Alzheimer, senão esperar por uma cura que vai interromper a progressão da doença, e obter, nesse intervalo, os últimos medicamentos prescritos pelos médicos. Quando membros da família não compreendem por que um ente querido com Alzheimer está bravo, chorando por uma razão desconhecida ou falando de um modo que não pode ser facilmente entendido, frequentemente é assumido que a atitude em questão é um sintoma apenas da doença. Em cada caso, a pessoa com Alzheimer pode ser medicada para melhorar esses "sintomas".

O maior problema de uma abordagem predominantemente médica para entender e tratar o Alzheimer foi – e ainda é – praticamente ignorar duas considerações muito importantes: a vida interior da pessoa diagnosticada e a situação social na qual essa pessoa vive. Ou seja, não estava previamente no radar dos pesquisadores e médicos especialistas que a pessoa diagnosticada pudesse experimentar reações psicológicas negativas completamente apropriadas diante de uma inabilidade, por exemplo, de facilmente encontrar palavras durante a fala, ou que a pessoa pudesse procurar evitar o constrangimento de situações em que tais deficiências poderiam se manifestar. Se cuidadores profissionais e voluntários não entendiam por que a pessoa com Alzheimer estava nervosa, ela ficava rotulada como "irracionalmente hostil", quando, de fato, a pessoa poderia muito bem ser entendida como corretamente indignada, caso o contexto social amplo da situação fosse levado em conta, como, por exemplo, se falassem da pessoa diagnosticada como se ela não estivesse presente, ou se suspensões similares da cortesia usual ocorressem. E assim a pessoa com Alzheimer foi sendo rotineiramente despersonalizada, experimentando um sentido reduzido de identidade e de valor próprio, tendo suas reações negativas, apropriadas diante desse tratamento, confundidas com sintomas da doença, muito mais do que corretamente entendidas como reações lógicas ao tratamento social insensível.

A realidade é que, quando a pessoa com Alzheimer é entendida e tratada como uma pessoa e recebe a cortesia usual, muitos sintomas presumidos, tais como os descritos acima, desaparecem, porque são reações a como os outros respondem à pessoa, e não são produzidos pelo processo efetivo da doença. O que foi preciso para esclarecer esse fato foi nada mais do que ouvir as pessoas diagnosticadas com Alzheimer, ajudando-as a expressar a si próprias quando a ajuda é necessária, alcançando com coração e mente os seres humanos que vivem por trás da máscara de seus sintomas. Isso é precisamente o que Lisa Snyder tem feito nos seus mais de vinte anos de trabalho com pessoas com Alzheimer e liderando grupos de apoio a elas no Centro de Pesquisas sobre a Doença de Alzheimer Shiley-Marcos, da Universidade da Califórnia, em San Diego. A autora tem demonstrado o que o poeta Arthur Rimbaud chamou de "paciência ardente", por ouvir e encorajar pessoas com Alzheimer a dizer o que pensam e dividir suas experiências sobre os efeitos da doença, incluindo a maneira como seus entes queridos são afetados e como elas se sentem a respeito disso e também sobre como elas são afetadas pelos modos como os outros as tratam. Ela oferece às pessoas com Alzheimer um fórum no qual se sentem livres para falar sem o medo de serem humilhadas ou constrangidas, onde elas se envolvem e envolvem os outros como pessoas que têm algo a dar e a dividir, no qual não há testes a cumprir, relógios a "vencer", e nenhum padrão de "respostas corretas" que elas devem fornecer após uma ordem. Ela continua lhes oferecendo um lugar onde suas lágrimas estão seguras e seu coração e mente são bem-vindos, uma vez que nunca tomou tais pacientes por "dementes", mas, sobretudo, honrou-os e respeitou-os como se fossem exatamente o oposto.

As entrevistas de Lisa Snyder com sete indivíduos diagnosticados com Alzheimer e seus comentários intercalados formam as páginas deste livro excepcionalmente importante, que contém poderosas lições não só sobre a doença que essas pessoas têm, mas também sobre as pessoas que essa doença tem. Com sua extraordinária habilidade de estar vigilantemente sintonizada em seus parceiros nas conversas, e demonstrando profundo respeito por eles, ela trabalha para criar as melhores condições para que as vozes dessas pessoas corajosas sejam ouvidas. Como resultado, conseguimos entender com grande clareza a vida psíquica e social de pessoas que vivem sob os efeitos do Alzheimer e que, apesar disso, lutam para prosseguir diante daquilo que o neuropsicólogo A.R. Luria chamou "a tenacidade dos condenados". Com a paciência e a persistência de Lisa Snyder, a máscara dos sintomas se retrai e nós encontramos pessoas vibrantes, sensíveis, engajadas e inteligentes que continuam a procurar e a encontrar sentido em sua vida.

Assim como os seres humanos variam em tantos aspectos, também variam as pessoas neste livro em suas reações ao que ocorreu e continua ocorrendo como resultado do Alzheimer. Este não é um livro sobre pessoas que são gratas por viver com os sintomas do Alzheimer, mas, sobretudo, um livro sobre pessoas que, com a ajuda de outras pessoas sensíveis e engajadas, são muito mais vivas ainda, e são tão engajadas e sensíveis às necessidades dos outros quanto são reflexivas sobre suas próprias necessidades. Os perfis descritos neste livro nos ensinam que devemos ouvir atenta e generosamente o que dizem os pacientes, que devemos reconhecer e honrar o fato de que sua habilidade de compreender e comunicar está muito mais intacta do que lhes foi creditado com base nas avaliações neuropsicológicas padrões. Eles nos ensinam que, como pessoas, somos *interdependentes*, que precisamos uns dos outros para florir e podemos ajudar uns aos outros a criar e partilhar bons momentos, mesmo nas situações mais terríveis. Eles nos ensinam que, no momento mais importante, não existe "vocês" e "eles", mas apenas "nós": indivíduos vivendo o contínuo da experiência humana. Alguns de nós sentimos dificuldade para lembrar acontecimentos recentes, assinar o próprio nome, amarrar os cadarços. Outros de nós sentimos dificuldade para perceber que tais problemas não protegem a pessoa de ser ferida pela ausência da cortesia usual ou pela falta de simpatia ou empatia com respeito ao que significa e como se sente, sendo incapaz de lembrar acontecimentos recentes, de assinar o próprio nome, de amarrar os cadarços. No final das contas, tenhamos sido ou não diagnosticados com Alzheimer, todos queremos e precisamos ser entendidos, e nos satisfazemos naqueles momentos em que sentimos que isso acontece.

14   Papirus Editora

Nos últimos 28 anos, venho trabalhando e aprendendo com pessoas com Alzheimer e tenho testemunhado e apreciado suas substanciais habilidades remanescentes de pensar, comunicar e mostrar grande sensibilidade para com os outros, mesmo quando elas estão nos estágios moderado e severo da doença, de acordo com os resultados médicos. Quando os cuidadores oferecem um suporte social respeitoso e paciente e possuem uma compreensão educada da situação, as pessoas com Alzheimer conseguem prosperar muito além daquilo que, de outro modo, seria esperado delas, de um ponto de vista médico, e muito além das expectativas criadas por estereótipos negativos perpetuados nos meios de comunicação de massa. O poder de tais estereótipos negativos sobre pessoas com Alzheimer e o valor inestimável do livro de Snyder se tornaram evidentes para mim quando oferecia um breve curso a estudantes de primeiro ano na Universidade de Georgetown, onde sou membro do Departamento de Psicologia desde 1975.

Meus estudantes lá estavam para aprender e aplicar muitas lições valiosas sobre pessoas com Alzheimer, em grande medida como resultado da leitura da edição original deste livro. Eles inicialmente se sentiam incapazes de pensar qualquer coisa positiva ao discutir sobre pessoas com Alzheimer, até reconhecerem que essas pessoas podem ser, em suas palavras, "transbordantes, capazes de formar novas memórias; detentoras de profundidade emocional e coragem; que elas são interessantes, conscientes de si e de seu ambiente; que elas têm necessidades racionais e sentimentos; que elas querem e precisam ser ouvidas, ter propósitos, ser entendidas, ter escolhas e viver em uma atmosfera não inquisitória". Em suma, meus estudantes aprenderam que pessoas com Alzheimer têm muito em comum com pessoas não diagnosticadas com a doença e, além disso, devem ser tratadas com o mesmo respeito, dignidade e sensibilidade que qualquer ser humano merece. De fato, os estudantes aprenderam que pessoas com Alzheimer são, em muitos aspectos, como eram antes de receber o diagnóstico. Está claro que esse conhecimento, quando assimilado e aplicado pelos cuidadores, pode ter efeitos extremamente positivos na vida de todos os envolvidos.

Eu sou, por isso, profundamente grato pela publicação desta edição revista de um livro desbravador. As mensagens reunidas aqui são atemporais. Elas fornecem um tempero necessário à abordagem médica para a doença de Alzheimer, acrescentando componentes vitais do entendimento psicológico e social. O autor Henry Adams disse: "Um grande professor atinge a eternidade; ele nunca pode dizer onde para sua influência". Nestas páginas, Snyder revela que seus parceiros nas conversas e ela própria são grandes professores.

Steven R. Sabat
Universidade de Georgetown, Washington, D.C.

Prefácio
à edição revista

Eu escrevi este livro para iluminar e honrar as variadas vozes de pessoas com Alzheimer e para aliviar o isolamento pessoal que pode acompanhar essa doença. Ainda que exista uma rica literatura científica, profissional e de apoio a respeito do Alzheimer, estamos apenas começando a explorar e tornar pública uma perspectiva crucial: os sentimentos, pensamentos e experiências da pessoa diagnosticada.

Desde 1987 tenho atuado no serviço social clínico na Universidade da Califórnia, San Diego (UCSD), no Centro de Pesquisas sobre a Doença de Alzheimer Shiley-Marcos (ADRC). Fundado pelo Instituto Nacional do Envelhecimento, esse complexo centro de pesquisas é um dos cinco originais que integram os atuais 29 centros espalhados por todos os Estados Unidos, dedicados ao estudo, ao tratamento e à mais avançada prevenção da doença de Alzheimer. Por vários anos, meu trabalho no centro de pesquisas focou o provimento de educação, aconselhamento e direcionamento às pessoas que cuidavam de seus entes queridos com Alzheimer. Oferecíamos o melhor de nossos serviços às famílias, sabendo que, assistindo o cuidador, a pessoa com Alzheimer seria consequentemente beneficiada.

No início dos anos 1990, com os avanços na detecção precoce do Alzheimer, participantes da pesquisa começaram a entrar em nosso centro apenas com sintomas amenos. Mais habilitados a expressar seus

Alzheimer 17

pensamentos, eles começaram a procurar informação e partilhar suas preocupações sobre sua condição. Foi como se um instrumento totalmente novo tivesse sido introduzido à orquestra do Alzheimer – que não me era tão familiar e que exigiria uma escuta atenta. Por todos os Estados Unidos e em outras partes do mundo, a voz das pessoas com Alzheimer estava se tornando mais pronunciada.

Este livro surge de minha investigação da experiência subjetiva do Alzheimer. Em 1994, eu comecei uma pequena série de entrevistas domésticas gravadas com pessoas diagnosticadas. Escolhi, deliberadamente, pessoas de idade, etnia e formação educacional e profissional diferentes. Todas conheciam seus diagnósticos e estavam dispostas a oferecer suas reflexões sobre o impacto do Alzheimer em sua vida. Nossas conversas cobriram histórias pessoais, diagnósticos, sintomas cognitivos, comportamentais e emocionais, interação familiar e social e perspectivas filosóficas ou espirituais. Eu transcrevi e editei as entrevistas para formar narrativas. Apenas no caso de acuidade gramatical ou clareza eu alterei as palavras de cada voz pessoal única. Para focar a substância de suas reflexões, omiti propositalmente a transcrição de gaguejos, pausas e trechos inerentes à conversação. Isso está particularmente aparente, e talvez de forma controversa, no capítulo de Bill. Embora eu descreva profundos desafios experimentados por Bill em sua perda da fala, apenas algumas frases gravadas foram fornecidas para documentar sua luta. Seu capítulo foi editado mais generosamente, com sua participação, de maneira que os leitores possam aprender mais rapidamente com suas mensagens ricas de *insights*.

Passada uma década desde que este livro foi publicado pela primeira vez, houve pouca ou mesmo nenhuma dúvida de que as pessoas neste livro falam sobre a experiência de Alzheimer, e não sobre a demência ou a desordem a ela relacionadas. Reações iniciais de leitores do livro incluíam comentários daqueles que estavam em dúvida sobre se essas pessoas tão cheias de ideias, criativas e articuladas poderiam realmente ter Alzheimer. A progressão subsequente de seus sintomas e os desfechos da vida deles, no entanto, são evidências suficientes para aqueles que poderiam duvidar da autenticidade ou acuidade dos seus diagnósticos. Mesmo em face de uma progressiva e incurável condição, os testemunhos de Bea, Bill, Jean, Bob, Booker, Betty e Consuelo perduram e são atemporais em seu conteúdo e humanidade. Suas reflexões são inspiradas por conversas que ocorreram em pontos distintos do contínuo da vida deles; assim como discussões de outros tempos teriam desenhado narrativas diferentes – ainda que as histórias de vida dessas pessoas nunca terminem realmente. Elas são carregadas por aqueles que se lembram, aqueles que infundiram os testemunhos dessas vidas em suas próprias, aqueles que podem ser um pouco diferentes em pensamento ou ação por terem sido, de algum modo, tocados por aquilo que essas falas procuraram oferecer, e cujas próprias mentes falam hoje de modo diferente, quando eles pensam na palavra *Alzheimer*. Nesta edição revista de *Alzheimer*, as narrativas dos entrevistados não foram modificadas. Escolhi preservar sua privacidade e o legado contínuo de suas mensagens, não fornecendo atualizações da vida deles além do que eles escolheram partilhar nas entrevistas originais.

Em minhas próprias respostas às narrativas, eu fiz, quando necessário, atualizações de informações factuais com o intuito de ressaltar novos conhecimentos nesse campo. As revisões mais significativas ocorreram na Parte 3: "Responder". Felizmente houve progressos importantes no conhecimento e na defesa do Alzheimer, que incluíram novas parcerias com pessoas com sintomas em estágios iniciais e maior sensibilidade para um cuidado mais digno e mais afirmativo em relação à vida quando os sintomas avançam. Houve também desenvolvimentos promissores na pesquisa voltada à prevenção e ao tratamento do Alzheimer, que exigiram atualizações mais detalhadas.

A intenção dos entrevistados mencionados aqui sempre foi contribuir para nossa compreensão coletiva do Alzheimer, e, desde a primeira edição desta obra, suas mensagens têm sido lidas em salas de aula, em salas de estar, clínicas especializadas, grupos de apoio e em outras situações em que leitores têm se mostrado dispostos a ouvir. Esta edição revista busca mais diálogo, reflexão e aprendizado, por meio de questões no final do livro que podem ser utilizadas para a reflexão individual ou como guia para uma discussão em grupo.

Meu mundo profissional está em uma unidade de pesquisa acadêmica. Este livro, no entanto, não é um manuscrito acadêmico, tampouco está baseado em um estudo com métodos científicos e resultados de pesquisa. *Alzheimer* expressa os pensamentos, os sentimentos, as preocupações e as experiências de sete pessoas com Alzheimer, que esperam ensinar, gerar ideias e aprofundar a compreensão naqueles que desejam abrir a mente e ouvir. Este projeto não teria sido possível sem a generosidade, coragem e confiança de Bea e Joe; Bill e Kathleen; Jean e sua família; Bob e Erika; Booker e Brenda; Betty e Kurt; e Consuelo. Eles trouxeram contribuições de valor inestimável a este texto e à minha vida. E a todos aqueles com Alzheimer e a suas famílias, que por anos têm sido meus professores, comunicando-se com o coração e a mente, eu devo minha contínua gratidão e meu respeito. Vocês todos se doaram muito. Este livro é uma pequena oferenda em retribuição.

Parte 1

OUVIR

Todos nós levávamos a vida bem produtivamente até sermos confrontados pela perda de memória, confusão, nervosismo, solidão e isolamento. É como se você estivesse lendo um livro e alguém tivesse arrancado as páginas.

A confrontação é a doença de Alzheimer; o entrevistado, um homem recentemente diagnosticado, descrevendo a dramática interrupção na progressão de sua vida. A doença de Alzheimer está causando rupturas nas histórias de vida de mais de cinco milhões de indivíduos diagnosticados nos Estados Unidos – pessoas cuja biografia estava transcorrendo página a página, até que o aparecimento dos sintomas interrompeu o texto. Suas vidas continuam, mas o que sabemos de suas histórias? Embora o Alzheimer esteja ganhando visibilidade, a pessoa diagnosticada continua à sombra – uma autobiografia que continua não folheada, sem ninguém para escrever a narrativa.

Como os médicos têm identificado o Alzheimer em estágios muito mais precoces de seu curso progressivo, um número crescente de pessoas está vivendo mais com sintomas amenos. Contrariamente à percepção popular, esses indivíduos não são "senis". Eles estão negociando um mundo no qual possam ainda ser participantes bastante ativos, mesmo que seus papéis estejam mudando. Embora eles aparentemente pareçam os mesmos, a reflexão interna de seu "eu" básico está tomando uma forma diferente, contornada por trocas disruptivas de memória, percepção e habilidade, e ainda destacada por momentos encorajadores de sabedoria, humor e imaginação. Sem as reflexões pessoais dos próprios pacientes com Alzheimer, faltam páginas no texto de nossa compreensão – as páginas

Alzheimer 23

que nos contam como é estar nessa condição, senti-la dia a dia, sobreviver com seu impacto.

Definições

A maioria das pessoas está acostumada com a palavra *Alzheimer*. É difícil pronunciá-la, ainda mais difícil soletrá-la, e soa como algo fatídico. Nós a ouvimos na televisão e no rádio; vemos nos jornais e revistas. Tristemente podemos associá-la a uma pessoa que conhecemos ou a uma figura trágica que imaginamos, e, quando nossa memória falha, brincamos dizendo, de modo tenso, que podemos ser os próximos da fila.

Usualmente, há várias maneiras diferentes de definir uma palavra, e *Alzheimer* tem muitas interpretações. A doença de Alzheimer é fundamentalmente uma desordem cerebral progressiva e degenerativa que ocorre gradualmente e resulta em uma profunda perda de memória, mudança de comportamento, pensamento e raciocínio, e em um declínio significativo nas funções gerais e habilidades. Essas perdas são resultado da morte de células nervosas no cérebro (neurônios) e da ruptura das conexões entre elas (sinapses), que permitem ao cérebro transmitir mensagens. O percurso do Alzheimer pode se prolongar de dois a vinte anos, com grande variabilidade nos sintomas e nas taxas de declínio.

Entretanto, além dessa definição básica, a palavra *Alzheimer* permite muitos significados diferentes. O impacto da doença tem longo alcance, perpassando os domínios da ciência, da política, da sociedade, da família e, o que é central neste livro, da pessoa diagnosticada. Cada esfera, embora unida às outras pelo denominador comum da doença, define e sofre seus impactos de formas diferentes.

Em 1906, o médico alemão Alois Alzheimer fez seu nome conhecido e o de uma doença, quando descobriu a causa da demência progressiva que devastou uma de suas pacientes em seus cinquenta anos de vida. Pelo exame de seu cérebro em uma autópsia, ele descobriu um grande número de emaranhados neurofibrilares e placas neuríticas responsáveis por destruir suas células cerebrais. Os emaranhados consistem em uma massa de filamentos helicoidais pareados de proteínas tau que estão alojados dentro de uma célula nervosa e contribuem para sua desintegração. As placas são compostas por proteína amiloide e se acomodam fora das células. Placas amiloides se tornam o depositório de terminações nervosas mortas e de outros resíduos das células moribundas. Essas mudanças microscópicas se tornaram os primeiros sinais da doença de Alzheimer; suas origens e seus efeitos destrutivos permanecem uma preocupação controversa e essencial para muitos pesquisadores até hoje. Ainda que existam muitas outras dimensões patológicas e neurológicas da doença, para os cientistas as placas e os emaranhados são a característica definidora fundamental do Alzheimer.

Sociólogos, políticos e outros envolvidos com saúde e política pública não focam as estruturas moleculares do cérebro, mas a composição social em transformação. Eles classificam o Alzheimer como a sexta maior causa de morte em adultos e uma das doenças mais custosas nos Estados Unidos. É um problema de saúde significativo e de custo crescente.

Nossa expectativa de vida tem crescido consideravelmente desde a virada do século. E ela segue crescendo. O risco de desenvolver Alzheimer cresce drasticamente com a idade, dobrando a cada cinco anos após os 65 anos de idade. Atualmente, cerca de 12% da população nos Estados Unidos tem 65 anos ou mais, e, por volta de 2025, esse número deverá crescer para 21%. Hoje, aqueles de idade superior a 85 anos formam o segmento da população com crescimento mais rápido acima dos 65 anos. Pesquisas indicam que, enquanto uma entre dez pessoas acima de 65 anos tem Alzheimer, até a metade daquelas acima de 85 está afetada. Portanto, longevidade, embora seja uma perspectiva de esperança, é também motivo de preocupação. Como a geração atual de *baby boomers* envelhece e vive mais, o Alzheimer pode surpreender o sistema de saúde estadunidense, assim como levar o *Medicare* e o *Medicaid* à falência. Os responsáveis pelo orçamento e financiamento do custoso sistema médico e de assistência de longo prazo voltado a esse segmento social que cresce rapidamente estão preocupados. Para eles, esses cálculos e estatísticas se tornam a característica definidora e alarmante da doença.

E quanto à nossa sociedade coletiva e o significado que atribuímos ao Alzheimer? Somos uma cultura industriosa, que valoriza a juventude, a produtividade, a engenhosidade, a capacidade e a independência. Somos, em teoria, racionais. Dado o impacto tumultuoso do Alzheimer sobre esses atributos desejados, o que nós valorizamos da pessoa que vive com essa doença? Que lugar concedemos a esses cidadãos em nossa sociedade?

Quando definimos nossas distinções diante daqueles com Alzheimer, evitamos examinar nosso solo comum. Apesar de a maioria das pessoas não desenvolver a doença, é provável que, em algum momento do curso de nossa vida, tenhamos que enfrentar uma condição temporária, progressiva ou permanente que vai ameaçar nossa autonomia, capacidade e funcionamento. Podemos nos distanciar do Alzheimer, mas não do risco de dependência, incapacidade e separação da sociedade dominante que ele representa. Devemos examinar nossa conduta em relação ao cuidado com as pessoas com Alzheimer, pois o alcance com que nossas comunidades acolhem os aflitos é o alcance com que podemos assegurar nosso próprio cuidado individual quando estivermos temporária ou permanentemente necessitados. Enquanto lutamos para eliminar o Alzheimer, devemos também trabalhar para cultivar a compaixão por nossa vulnerabilidade humana – uma condição prevalecente que todos nós dividimos.

Significados pessoais

Quando o Alzheimer atinge a vida de alguém que amamos, nossa definição da doença é mais pessoal. Ela é, essencialmente, experiencial. É influenciada pela enxurrada de emoções que emergem e se transformam durante o curso da doença, e está imbuída das imagens daquele diagnosticado – os modos pelos quais conhecemos um dia aquela pessoa e os modos pelos quais nosso ente querido está se tornando conhecido para nós agora. É o risco do isolamento, quando parece que ninguém realmente entende; é o alívio do companheirismo acolhedor, quando você encontra alguém que entende. É a logística de ter de transcorrer o dia;

são as tristezas e satisfações que podem acompanhar cada momento. E, a cada novo dia, a definição pessoal de *Alzheimer* pode passar por tantas transformações quanto o curso da própria doença.

Para cada pessoa com Alzheimer, há outras incontáveis, muito próximas, que sentem e vivem com seu impacto. Embora este livro trate da experiência da pessoa diagnosticada, as preocupações dos familiares e amigos nunca são esquecidas.

Uma interpretação desdobrada

Talvez as definições que têm sido mais particulares e, por isso, mais elusivas sejam os significados pessoais do Alzheimer para aqueles que vivem com seus sintomas. É comum nos questionarmos: "O que eles estão pensando?". Mas é menos comum que nós, de fato, lhes perguntemos. E, com toda honestidade, podem surgir complicações ao tentarmos.

Diferentemente da maioria das outras doenças, o Alzheimer tem o cérebro como alvo. Ele ataca justamente o órgão que hospeda a compreensão, a consciência, a linguagem e a expressão necessária para compreender uma pergunta, acessar ideias e informações correspondentes pertinentes, formular uma resposta e expressar uma reação. Para algumas pessoas, o efeito do Alzheimer no cérebro pode torná-las menos cientes do impacto diário da doença. Outras são profundamente cientes das mudanças. Assim, a reação a um diagnóstico de Alzheimer pode variar da negação completa de um problema até uma explanação elaborada dos sintomas. Não podemos sempre distinguir entre uma negação baseada em defesa psicológica e uma negação advinda de um descompasso neurológico. Às vezes, trata-se de um pouco das duas.

Desse modo, uma definição pessoal de *Alzheimer* varia tanto quanto a própria doença, tão única quanto o curso particular que ela realiza em cada pessoa que a possui. Ainda que a descoberta objetiva de placas e emaranhados na autópsia seja uma descrição absoluta dos efeitos do Alzheimer no cérebro, ela não é o que forma as definições pessoais da experiência da doença. O absoluto fornece um esqueleto, mas é a variabilidade que circunda uma pessoa e cria as dimensões únicas que vão moldar quem ela vai se tornar e como ela vai sobreviver. Nesse campo, há bem menos certezas.

Depois de anos ouvindo incontáveis famílias expressarem suas experiências, preocupações e estratégias para sobreviver com o Alzheimer, fui atingida pela singularidade da voz de cada pessoa. Embora haja muitos temas em comum, as histórias nunca são contadas exatamente do mesmo modo. Meu trabalho me ensinou a ouvir cada história como se fosse nova, como se nunca tivesse sido contada antes. De fato, as pessoas que contam essas histórias nunca tinham experimentado nada parecido com seu encontro com o Alzheimer.

Diagnosticando a doença de Alzheimer

Enquanto trabalhamos para amenizar ou eliminar os problemas do Alzheimer, cientistas continuam desenvolvendo formas de detectar e diagnosticar a doença de modo mais preciso. Há mais de setenta causas diferentes de demência, e o Alzheimer é responsável por mais de 70% de todos os casos. Para fazer um diagnóstico confiável, um cientista deve afastar quaisquer outras causas possíveis de mudanças de memória, pensamento e funcionamento. Uma avaliação exaustiva é essencial. Embora a progressão do Alzheimer não possa ainda ser detida, muitas outras causas de demência são reversíveis ou suscetíveis a tratamento.

Como o Alzheimer pode afetar a habilidade de uma pessoa de comunicar a extensão de seus sintomas, os pesquisadores frequentemente consultam o cônjuge ou o familiar mais próximo para adquirir uma descrição mais detalhada da aparição de problemas funcionais ou de memória. Ela é seguida por um exame físico e neurológico. Um exame IRM (Imagens de Ressonância Magnética) ou outro mapeamento do cérebro é solicitado para descartar derrame, tumores ou modificações cerebrais causadas por outras doenças. A investigação do nível mental ou testes neuropsicológicos mais abrangentes contribuem para um diagnóstico apurado, por meio da avaliação de padrões específicos de perda de memória e qualquer outro descompasso cognitivo. Uma avaliação do humor é essencial para descartar as mudanças de memória e concentração causadas por depressão.

Junto a esses procedimentos fundamentais, alguns médicos podem pedir uma punção lombar para descartar certas infecções cerebrais ou para procurar por níveis elevados de uma proteína específica associada ao Alzheimer. Exames de sangue devem ser realizados para descartar disfunções nos rins, no fígado ou na tireoide, deficiências nutricionais ou desequilíbrios metabólicos. Esses exames podem também incluir a avaliação de uma forma específica da proteína ApoE, associada ao alto risco de Alzheimer.

Ainda que atualmente um diagnóstico absoluto da doença de Alzheimer só possa ser realizado pela biópsia cerebral, que revela os marcadores principais, as placas e os emaranhados, os cientistas querem atingir, ao menos, 90% de precisão na determinação do Alzheimer, por intermédio de uma avaliação meticulosa que não inclui esse procedimento invasivo.

Enquanto você lê estas páginas

Com exceção de Consuelo, cujas circunstâncias vão ser esclarecidas, todas as pessoas descritas neste livro receberam avaliações completas para confirmar o diagnóstico da doença de Alzheimer e foram repetidamente avaliadas para assegurar a consistência dessas diagnósticos. Se você está lendo este livro e foi diagnosticado(a) com Alzheimer, você vai ser apresentado(a) a sete de seus pares. Algumas dessas vozes podem ressoar em você e falar aos seus pensamentos, sentimentos e reflexões. Outras vozes podem ser discordantes ou oferecer menos com que se identificar. Essa é a natureza de uma discussão honesta sobre uma doença altamente variável. O Alzheimer vai afetá-lo(a) profundamente, mas vai lhe definir por inteiro. Você vai ter sua própria voz única, assim que sentir a presença dos sintomas em sua vida. Assim que ouvir esses indivíduos dizerem o que pensam, por sua discordância ou concordância, você vai poder encontrar um lugar para que sua própria voz seja ouvida.

Se você está cuidando de alguém com Alzheimer, este livro não pretende ser um manual ou guia prático. Não há conselhos ou passos a serem seguidos. Tais livros são inestimáveis, e as organizações de Alzheimer listadas no Apêndice recomendam um número de excelentes referências. Ao invés disso, este livro vai fornecer novas visões das preocupações e experiências de seu ente querido e vai ilustrar a profunda importância do seu próprio papel em sua vida. O tema dos relacionamentos humanos está como nunca presente nessas narrativas, revelando as maneiras com que abrimos nosso coração e mente uns aos outros – e como nós, às vezes, também os fechamos. Você talvez queira ler este livro com seu familiar e usá-lo como um ponto de partida para o diálogo. Se aquele sob seus cuidados nega ter Alzheimer ou está desconfortável para discuti-lo, eu recomendo a você procurar a voz de quem é capaz de conversar sobre isso, de maneira que você possa aprender com eles o que o seu familiar é incapaz de expressar.

Profissionais que trabalham no campo do Alzheimer podem ou não ter contato direto com aqueles diagnosticados. Trabalhar nesse campo requer uma ampla gama de disciplinas, do biólogo molecular em um laboratório de pesquisa ao atendente de uma clínica de enfermagem domiciliar. Sem levar em conta as competências que trazemos para os domínios intermináveis do Alzheimer, todos os esforços são definitivamente motivados não pela doença em si, mas pelas pessoas que vivem com seus sintomas. Se o Alzheimer fosse uma condição benigna, ele certamente não galvanizaria nossa atenção. E se nossa atenção está dirigida à ciência, à medicina, aos serviços sociais, psicológicos ou espirituais, à ética, à política, à jurisdição ou à administração, este livro nos faz lembrar das pessoas que são o centro de nossa dedicação.

Talvez você esteja lendo este livro porque conhece alguém com Alzheimer ou alguém que cuida de uma pessoa com Alzheimer. Talvez a doença não tenha ainda tocado sua vida pessoalmente, mas você está interessado em compreender mais a respeito. Estamos todos investindo em nossa memória, no cultivo de seu desenvolvimento e na manutenção de sua capacidade. Ela é central para nossa vida cotidiana, e o Alzheimer instaura uma ameaça considerável a essa faculdade tão desejada. Na verdade, muitas pessoas gastam bastante tempo e dinheiro em suplementos alimentares pró-memória, *workshops* ou programas de treinamento desenvolvidos para turbinar nossa função de memória. Em função da centralidade da memória, o Alzheimer se configura como uma perspectiva assustadora. Além de qualquer *insight* particular que você possa ganhar deste livro para a compreensão do profundo impacto da doença sobre a memória e a identidade, você vai dar uma contribuição inestimável para esse campo do conhecimento, se tentar abrir seus pensamentos às experiências dos outros. Nós não precisamos todos estar diretamente envolvidos com o Alzheimer para participar da criação de um clima, no qual, finalmente, conhecimento, consciência, justiça e compaixão possam crescer para superar essa doença. É um esforço coletivo e global, e cada cidadão conta.

Essas sete pessoas

Embora o diagnóstico seja o mesmo, cada pessoa cujo perfil vai ser apresentado neste livro vivencia diferentes sintomas de Alzheimer que evocam definições pessoais da doença. Suas idades, etnias, histórias de vida, religiões e seus estilos de vida variados ilustram o amplo espectro de humanidade afetada pelo Alzheimer. Entretanto, tão multidimensionais quanto suas histórias, essas sete pessoas não podem falar em nome da experiência de Alzheimer como um todo. Como elas falam com honestidade, candura, lucidez e incerteza, aprendemos que não há um único modo de passar pelo Alzheimer – outras sete pessoas nos contariam sete histórias diferentes.

Ainda que as diferenças se destaquem, os temas que permeiam essas mensagens são comuns: a instantaneidade se depara com a perda de memória; a ambivalência diante da revelação do diagnóstico aos outros; a preocupação em ser um fardo para as pessoas queridas; as reações dos familiares, amigos e estranhos; a luta entre dependência e autonomia; a incapacidade de fazer coisas que antes agradavam; a capacidade de rir e achar graça em circunstâncias tão sérias; a presença dominante da esperança.

Assim como esses temas unem cada um dos participantes, eles também servem para unir o leitor a alguns aspectos da experiência do Alzheimer (apesar de expressarem preocupações não necessariamente limitadas a essa doença). São preocupações inevitáveis que podem assaltar a todos nós em momentos diferentes ao longo da vida. Portanto, este livro é também sobre diálogo, sobre um terreno comum para o encontro de mentes. O leitor está convidado a ouvir as mensagens daqueles que aqui falam, a reconhecer as diferenças e respeitar as semelhanças. Nesse sentido, o mundo frequentemente isolador da pessoa com Alzheimer se torna, na medida do possível, nosso mundo coletivo. A sociedade se torna um pouco mais sensível e a pessoa com Alzheimer um pouco mais conectada.

Embora os indivíduos descritos neste livro, em grande medida, sejam capazes de falar sobre suas reflexões e seus sentimentos, muito provavelmente suas expressões vão mudar com o tempo, do verbal ao não verbal, a gestos mais comportamentais ou simbólicos. Nós contamos com a linguagem como meio primordial de comunicação para unir pensamentos. E quando o comportamento começa a falar, isso pode parecer uma linguagem inteiramente nova, que pode ser confusa e frustrante, tanto para o emissor quanto para o receptor da mensagem. O mundo do falante e o mundo do ouvinte começam a se separar pelos sintomas.

Se nós pudermos apreender os assuntos da comunicação logo no início, talvez possamos ser sensíveis aos modos pelos quais eles podem se repetir mais tarde, no decurso da doença. As pessoas podem continuar a experimentar sentimentos similares, mas podem expressá-los diferentemente, assim que sua confusão aumente e diminua sua capacidade de fala. Devemos começar a ouvir cedo o percurso do Alzheimer, na esperança de que, assim fazendo, vamos aprofundar nossa compreensão enquanto avançam os sintomas. A variação no modo como as pessoas vão continuar a se expressar é testemunha da singularidade de cada um, tanto antes do ataque do Alzheimer quanto muito depois de ele ter mostrado seus efeitos dramáticos.

Nesse espírito, este livro é também sobre identidade. E sobre esperança. É sobre seres humanos que estão se definindo em novos caminhos, não apenas por aquilo que perderam, mas também por aquilo que ficou.

Parte 2

DIZER

Bea

Às vezes, nós podemos rir disso tudo ao invés de chorar, mas eu não desejaria isso a ninguém.

Bea chegou à minha vida com muitas recomendações. Ela estava sendo acompanhada em nossa clínica Seniors Only Care (Socare), da Universidade da Califórnia, por uma enfermeira especializada que estava a par de meu interesse em entrevistar indivíduos com Alzheimer. Depois de uma história de três anos de problemas de memória, iniciada aos 72 anos de idade, Bea tinha sido recentemente diagnosticada com Alzheimer. Procurando por qualquer tratamento disponível, ela foi transferida à clínica Socare para participar de um estudo com uma droga experimental pensada para reduzir a progressão da doença.

Os registros médicos anteriores de Bea eram efusivos em seus resultados com relação à sua disposição "sempre agradável". Seu temperamento gentil e cooperativo era o sonho de todo médico, e seu jeito modesto poderia facilmente ser atribuído a uma disposição um tanto passiva. Mas talvez tenha sido a graciosa conduta de Bea que tornou seu comentário final tão envolvente. Nossa enfermeira percebeu a tendência de Bea à candura e esperava que conversas posteriores pudessem evocar uma melhor apreciação das dimensões mais ocultas dessa agradável mulher.

Bea foi criada na zona rural do estado de Arkansas e frequentou a escola à noite para obter a equivalência do ensino médio, antes de garantir um emprego estável em uma padaria de projeção nacional. Viúva por duas vezes, ela era sábia diante dos exigentes desafios de perda, mágoa e

Alzheimer 35

recuperação. A morte de seu segundo marido estimulou-a a buscar uma vida nova em San Diego e, em meados dos anos 1980, Bea "empacotou" seu cão, seu gato e seus pertences e se mudou para o oeste. Uma aposentadoria digna permitiu que ela parasse de trabalhar, e, como não tinha filhos, ela se voluntariou em organizações que cuidavam de bebês e crianças com danos cerebrais. "Eu dirigia, passeava e estava me tornando independente", lembra Bea, com um sorriso divertido, "e, então, chega Joe". Joe se tornou o seu terceiro marido.

Depois de passar pelo tapete verde ondulado de um campo de golfe de uma pequena comunidade, eu me aproximei de sua casa,* e Joe veio me receber na calçada. Ele era protetor em relação à Bea, mas sua confiança em nossa enfermeira especializada estabeleceu a ligação necessária para que eu conduzisse minha entrevista. Suas boas-vindas foram amigáveis, enquanto me guiava até o interior de sua casa, onde Bea me cumprimentou sorridente.

Na espaçosa sala de estar havia um par de cadeiras reclináveis, nas quais Joe e Bea imediatamente se acomodaram. Seus movimentos habituais me fizeram pensar que eles deveriam formar um casal que encontrava segurança na simples rotina e nos papéis bem definidos. Eu estava curiosa para saber como esse relacionamento tinha começado e, como Joe ali estava como testemunha da conversa, perguntei a Bea como eles se conheceram.

Fazíamos uma refeição na clínica e eu peguei as tortas de limão. Joe perguntou quantos limões eram necessários para fazer uma torta. Eu disse: "Traga-me os limões e eu lhe farei uma torta!". Então ele me mandou uma sacola de limões. No sábado, eu lhe fiz uma torta de limão e, no domingo, quando fui à igreja, levei-lhe a torta. Esse foi o começo. Nós não ficamos juntos por muito tempo – mais ou menos duas semanas – e então ele me disse que

---

* No original, a casa de Bea é descrita por *double-wide mobile home*, ou seja, uma casa pré-fabricada em duas partes, posteriormente unidas quando de sua instalação no local apropriado. Esse tipo de moradia é comum nos Estados Unidos, tendo sido criado por volta dos anos 1950 para responder às crescentes necessidades de baixo custo e mobilidade. [N.T.]

nós deveríamos poupar todo esse desgaste de ficar indo e vindo e deveríamos simplesmente nos casar. Desde então, estamos casados – há nove anos.

Havia um tom na história de Bea que era, ao mesmo tempo, sentimental e sensível. Seus sentimentos, fossem dolorosos ou prazerosos, eram expressos facilmente. Ela ainda possuía um lado prático que lhe permitia responder a esses sentimentos direta e verdadeiramente. Essa dicotomia adaptativa esteve presente ao longo de quase toda a nossa discussão.

Primeiros sinais

Bea parecia inconformada enquanto se lembrava dos primeiros comportamentos peculiares que marcaram a chegada do Alzheimer mais de três anos antes.

Um dia eu estava dirigindo na cidade para ir fazer meu cabelo. Eu deveria fazer uma conversão à esquerda, mas, em vez disso, segui reto rumo ao tráfego que vinha. Um policial me parou, e eu lhe disse que não sabia por que eu tinha feito aquilo. Eu havia feito esse mesmo percurso muitas vezes e nunca havia tido problema algum. Era tão estranho. Era terrivelmente assustador. Eu poderia ter realmente machucado alguém. Essa foi a primeira vez que soube que havia algo errado. Eu não dirigi de novo depois disso.

Eu também costumava ser voluntária na igreja, organizando os papéis com as orações. Eu os distribuía em uma fileira de bancos, mas depois começava a fazer tudo novamente. Então, quando eu fui ao banheiro feminino, saí por uma porta diferente e me perdi. Levei um minuto para encontrar o caminho dentro de minha própria igreja. Eu não tinha a menor ideia de que problema poderia ser.

Os médicos me submeteram a todos os testes imagináveis, e fui diagnosticada com a doença de Alzheimer. Nunca mais gostaria de passar por isso novamente. A última pessoa que me entrevistou foi o neurologista.

Ele foi bastante indiferente e me disse que aquilo iria apenas piorar. Não foi nada profissional, já que aquilo me dizia respeito. Se ele ao menos tivesse demonstrado um pouco de compaixão. Ele estava lá para diagnosticar o meu problema, mas não estava lá para entender meus sentimentos. Ele não tinha sentimentos em relação a mim, de todo modo. Eu passei a odiá-lo desde então. Profissionais de saúde precisam ter compaixão. É tudo de que precisamos. Só pela graça de Deus eu sigo em frente.

O incidente de Bea no trânsito, suas repetições na distribuição das orações e sua desorientação revelaram juntos os sintomas iniciais mais comuns do Alzheimer: perda de memória suficientemente significativa para alterar o nível anterior do funcionamento de uma pessoa. A gradual piora dos desarranjos de Bea assustou-a, e ela avidamente buscou ajuda. Mas isso nem sempre ocorre. Alguns, enquanto demonstram mudanças cognitivas que são claras aos olhos dos outros, não veem nisso um problema. A perda de memória pode torná-los incapazes de lembrar-se de seus próprios deslizes, ou eles podem estar muito assustados ou envergonhados para admiti-los. Outros estão cientes de que sua memória e suas habilidades estão mudando e corajosamente enfrentam tais dificuldades.

Porém, mesmo quando pessoas com Alzheimer são autoconscientes, a comunidade médica há tempos assumiu que elas têm pouco conhecimento de sua própria condição. Como resultado, elas são às vezes tratadas com menos compaixão. Bea sentiu-se desumanizada pela avaliação de seu médico. Ela foi reduzida a um conjunto de sintomas que a classificaram em uma categoria de diagnóstico. Mas o Alzheimer afeta mais do que o cérebro; ele impacta as correspondentes fundações social, familiar e psicológica do bem-estar. Quando não mencionamos a assistência que pode estar disponível para ajudar na sobrevivência com Alzheimer, não deixamos espaço para a possibilidade de esperança, de amplitude de recursos e de significado de existência. Todo médico ou profissional de saúde deve, no mínimo, incluir um encaminhamento à sede local da Associação do Alzheimer ou de uma organização correlata, quando fornecer um diagnóstico a um paciente e à sua família. A frase simples, mas inestimável, "Você não está sozinho", embora pareça banal, está muito frequentemente ausente do processo de avaliação.

Superando cada dia

Na medida em que nossa conversa deixava para trás o trauma do diagnóstico, tornou-se evidente que as necessidades da vida diária eram agora as principais preocupações de Bea.

Uma das piores coisas que eu tenho de fazer é vestir minhas calças pela manhã. Esta manhã eu fiquei pensando que havia algo errado, pois estava sentindo que minhas calças não pareciam certas. Eu as coloquei no avesso. Às vezes eu tenho que colocá-las e tirá-las umas seis vezes ou mais. Eu penso que estou colocando ao contrário de como deve ser. É muito frustrante, pois eu olho para elas e tento descobrir como fazer. Eu acho que sei o modo de fazê-lo, e coloco-as. Novamente está errado. Talvez eu tenha de adquirir outro tipo de calças.

Eu continuo realizando o trabalho doméstico, mas não sou capaz de costurar ou passar roupa como antes. Qualquer um que sabe passar uma camisa branca não pode ter a doença de Alzheimer! Programar a máquina de lavar também está se tornando um problema. Às vezes eu gasto uma hora tentando compreender como programá-la. Eu sei começar no impulso, mas, lá pela última carga, eu fico bastante confusa. Se eu continuar ali, tudo bem. Mas se eu me afastar para fazer alguma outra coisa e voltar, aí fico perdida.

O Joe acaba tendo de fazer muita coisa, mas eu nada posso fazer a esse respeito. Ele tem de cozinhar sozinho. Ele ajeita todas as refeições. Eu faço a salada, arrumo a mesa e faço o que posso para ajudar. Eu costumava me divertir muito, e ficava orgulhosa de montar uma bela mesa. Mas agora eu sequer sei de que lado o garfo ou a faca devem ir. Eu pego os pratos e depois a prataria, e pergunto ao Joe: "Onde eles vão?". Ele vai me mostrar, mas eu não me lembrarei na próxima vez. Isso é frustrante. Às vezes ele deve pensar que eu sou terrivelmente estúpida. Eu me sinto tão burra quando pergunto: "Onde está meu garfo?". Ele vai responder: "Está bem aí". Eu o havia colocado sobre a mesa muitas vezes. Isso é muito estranho. As coisas mais simples que eu fazia antes não posso mais fazer. Às vezes, no entanto, eu posso fazê-las, e então eu penso que ele se pergunta se eu não estaria apenas fingindo.

Houve momentos em que a vida de Bea foi como um jogo de charadas. Ela tinha algumas pistas – um gesto aqui, uma palavra lá –, mas ela gastou uma energia considerável tentando agarrar a frase toda. Ela ficou virando e revirando as dicas em sua mente, rearranjou-as e lutou para completar uma dada tarefa. Algumas vezes todas as peças caíram no seu exato lugar e foram iluminadas por um disparo de clareza, de modo que ela pôde agir e vencer de forma triunfante. Mas a próxima frase apresentaria um novo conjunto de desafios. O jogo não se tornou mais fácil com o treino.

Essa flutuação de habilidade é confusa tanto para aquele afetado quanto para seus amigos e familiares. As inconsistências podem ser erroneamente atribuídas à preguiça, à falta de concentração, ao desinteresse ou, como temia Bea, a uma farsa. Apesar disso, essa variação diária é comum no Alzheimer e contribui para os sentimentos de descrença, tão comuns nas fases iniciais.

Ver nem sempre é crer

Bea também lutou contra um dos mais instigantes sintomas do Alzheimer: a agnosia visual. Ainda que sua acuidade visual fosse boa, ela estava perdendo a habilidade de reconhecer ou identificar o que via. Ela poderia olhar diretamente para sua faca, vê-la claramente, mas não ser capaz de decifrar seu significado. Essa agnosia estava combinada com os problemas mais comuns de desarranjo da percepção espacial e de profundidade. Assim que o Alzheimer avança no cérebro, ele pode afetar a habilidade de julgar com eficácia a profundidade e a distância. Pode se tornar difícil dizer a altura de um degrau ou o espaço entre uma pessoa e outra. Alguém pode tentar alcançar um objeto e levar sua mão a vários centímetros de distância dele. Essas deficiências visuais e perceptivas se combinam com a perda de memória para criar episódios de um caos quase teatral para Bea e Joe.

As noites de sábado, antes de irmos nos deitar, são hilárias. Nós tomamos banho e então arrumo minhas roupas para ir à igreja no dia seguinte, para que, ao menos, eu possa saber o que vou vestir. Eu pego minha caixa de joias e penso: "Bem, agora eu tenho tudo certo". Mas aí eu não sou capaz de encontrar minhas pérolas. Então, temos de começar a procurar. Joe, tão bondoso, procura e procura. Mas é uma verdadeira chatice, acredite. Faço um esforço para colocar tudo onde eu penso que sei onde está, e então volto lá e não está. Eu provavelmente mudei de lugar. É frustrante, pois fico tão irritada antes de encontrar o que procuro e penso: "Oh, desista de uma vez!". Isso faz você achar que é louca. Você pensa que qualquer um com algum senso poderia encontrar as pérolas. Às vezes, o que estou procurando está ali na minha frente, e eu não vejo. Não é sempre que eu troco as coisas de lugar; elas estão bem ali, mas eu simplesmente não as reconheço. É um problema de verdade.

E dinheiro! O dinheiro está se tornando terrível. Eu simplesmente não quero mais lidar com dinheiro, pois não consigo identificá-lo. Eu confio que minha esteticista não vai me enganar. Mas, quando nós saímos para qualquer outro lugar, Joe tem de fazer todas as compras, pois eu simplesmente não tenho mais a habilidade para isso.

Não é difícil se identificar com alguns aspectos da experiência do Alzheimer. Para qualquer um, encontrar um objeto perdido pode custar bastante energia. A diferença reside na gama de estratégias disponíveis. Normalmente, nós podemos retraçar nossos passos e tentar nos lembrar da última vez que vimos o item perdido. Para a pessoa com Alzheimer, é como se essa memória do passado recente tivesse sido apagada pela natureza da doença. Nós, usualmente, procuramos nos lugares que estão associados ao objeto pela lógica. Mas o Alzheimer destrói associações tão extensivamente que uma caixa de pães e de joias podem parecer uma só coisa. Pérolas podem acabar na despensa. Muitas pessoas tiveram a experiência de procurar muito por um objeto perdido como resultado de distração ou frustração atormentada. Mas Bea, mesmo quando diante do objeto, nem sempre poderia identificá-lo. Ela poderia descrever as pequenas esferas brancas unidas no fio, mas onde estavam suas pérolas? Ela poderia ser capaz de reconhecer as moedas em seu bolso como dinheiro, mas qual delas era de 25 e qual de 10 centavos? Qualquer cálculo matemático necessário a uma transação financeira era quase impossível.

Pode ser terrivelmente alienante reconhecer que o que é de compreensão comum à maioria das pessoas se torna um quebra-cabeça para alguns. Bea se sentiu como uma estrangeira dentro de sua cultura, anteriormente familiar, e ela percebeu que os membros de sua comunidade estavam mais arredios do que hospitaleiros.

Eles poderiam pegar

Nós nunca tentamos esconder que eu tinha Alzheimer. Mas todos agem como se não quisessem ficar perto, pois eles poderiam pegar a doença. Eles não sabem como lidar com isso. Eu era sempre tão social antes, mas agora não gosto de estar com pessoas. Elas não gostam de falar sobre isso. Não tenho nenhum amigo muito próximo com quem eu possa me comunicar. Eu não gosto mais sequer de falar pelo telefone. Eu pego um recado e receio esquecer parte dele antes de tê-lo anotado. Por isso, trata-se de um velho mundo deserto, às vezes.

Uma mulher na igreja tinha um marido com Alzheimer, que veio a fugir. Ela ficou desesperada para encontrá-lo. Outro dia, alguém perguntou ao Joe se eu tinha fugido, pois era isso que o marido dela costumava fazer. Mas eu não tenho nenhum desejo de partir. Eu costumava andar pelo quarteirão, mas não gosto mais de fazer isso, pois temo acabar ficando confusa. Duas ou três vezes por dia eu me levanto e ando pela casa, ou saio e caminho um pouco pelo quintal. Mas eu sou uma covarde. Eu não quero sair por temer que algo aconteça.

Bea frequentemente sente-se ignorada. O Alzheimer funciona como um véu que a separa dos outros, e ela se sente quase invisível em reuniões sociais. A perda de memória cria desafios em suas relações, e, se ela percebe o desconforto alheio diante de sua incapacidade, ela também se retrai diante daquela companhia. Mas, às vezes, o véu está sobre os olhos do observador. Nossos próprios preconceitos, experiências passadas ou ingenuidade sobre a doença nos conduzem à esquiva ou ao desconforto; nossa barreira autoimposta efetivamente elimina as oportunidades de uma relação contínua com a pessoa que tem Alzheimer.

Na igreja, as pessoas gesticularam para apertar a mão de Bea, mas, em função de seus problemas visuais/espaciais, ela não foi capaz de responder; ela não podia localizar precisamente no espaço a mão de quem a cumprimentava. Como resultado, a incompreensão mais comum era de que Bea tinha ficado muito desconectada para reconhecer a reação apropriada a um aperto de mãos. A verdade, no entanto, reside em um doloroso dilema: Bea conhecia as regras, mas não era capaz de cumpri-las. Um ciclo de reações se seguiu, no qual suposições foram feitas acerca da severidade de seu desarranjo geral, e ela foi, então, tratada como se as suposições fossem verdade. Isso apenas aumentou seus sentimentos de segregação. Como consequência, ela se tornou mais dependente de Joe emocional e fisicamente, e colocou-o sob risco de estar isolado também.

Pobre Joe, ele está preso comigo o tempo todo. Eu tento fazê-lo sair à tarde para jogar bilhar e se distrair por algumas horas, porque senão ele fica comigo o tempo todo. Nós costumávamos ir a uma aula aos domingos, mas eu não participo mais. Eu não consigo me concentrar de jeito nenhum. Eu não me sinto confortável, e assim não vou. Antes eu era muito ativa. Nós tínhamos o hábito de organizar jantares e, se alguém quisesse um voluntário, eu era sempre a primeira pessoa a se oferecer. Mas agora eu não sou confiável para fazer algo assim. Eu dependo de Joe para tudo. Eu estou isolando-o, bem como a mim mesma, e não estou sendo justa com ele.

Eu estou satisfeita de estar aqui em casa. Eu realmente não estou entediada com minha vida. Eu sempre tive a sensação de que você pode ser tão feliz quanto queira ou tão miserável quanto queira. Eu tenho sorte de ter o homem que tenho para passar por isso comigo. Eu não daria conta sem ele. Não era fácil no início pedir ajuda, mas agora eu peço muita. Às vezes eu penso que Joe deve ficar tão cansado disso, mas ele tem mais paciência do que eu. Às vezes podemos rir de tudo, ao invés de chorar, mas eu não desejaria isso a ninguém.

Pouco tempo depois, Bea começou a chorar. Eu me culpei por ter provocado suas lágrimas, mas ela estava serena. "Eu sempre tive choro fácil", disse sorrindo, com uma resignação confortável. De fato, enquanto conversávamos, suas lágrimas de tristeza e suas lágrimas de gargalhada escorreram juntas, contribuindo para uma experiência bem "molhada", que lhe parecia familiar. Joe foi buscar mais lenços de papel, com a certeza factual de que aquele poderia ser um encontro de duas caixas. Havia algo de profundo em tudo aquilo, e eu fiquei quieta, acompanhando suas emoções fluidas. Assim que nos aproximávamos de cada perda na vida de Bea, um mar de tristeza se tornava ondas de risos. Bea tinha uma habilidade extraordinária de se entreter com o absurdo. Quando ela pensava a respeito do declínio progressivo inerente à sua doença, ela ficava bastante deprimida. Por vezes, ela dizia que só desejava ter morrido. Então, inspirada por um momento de satisfação ou humor, ela expressava contentamento diante da vida. Era surpreendente que ela vivenciasse sua condição não como tragédia ou como comédia, mas como as duas, às vezes simultaneamente.

Bea teve a sensibilidade de perceber que o fardo de sua doença poderia ter um impacto significativo sobre Joe. O papel do parceiro que cuida é fundamental na vida da pessoa com Alzheimer. Estima-se que sete dentre dez pessoas com Alzheimer residam em casa, com grande parte dos cuidados sendo fornecida por familiares ou amigos. A saúde e o bem-estar desses parceiros são fatores-chave para a saúde e o bem-estar da pessoa com Alzheimer. Muitos parceiros também relatam sentimentos de abandono ou separação em relação aos seus anteriores círculos sociais e de apoio. Alguns sofrem de aumento da pressão sanguínea, depressão, insônia ou fadiga, conforme buscam superar a condição de seus entes queridos. Há organizações que oferecem doações às famílias e servem de recursos essenciais a todo parceiro cuidador (ver Apêndice). Embora

44   Papirus Editora

velhas fontes de apoio possam retroceder, outras novas podem avançar para tornar mais leve o peso nesse momento de desafios.

Uma fé mais forte

Embora a igreja desapontasse no atendimento às necessidades emocionais de Bea, ela ainda assim proveu uma estrutura espiritual que Bea considerou essencial à sua habilidade de sobreviver.

Eu não sei o que faria se não tivesse minha fé. É a única coisa que me mantém inteira. Eu sei que tudo que tenho de fazer é clamar por Deus, e Ele estará bem aqui. Eu Lhe pergunto se é de Sua vontade levar o Alzheimer embora, mas, se não for, que Ele me ajude a aceitá-lo. Essa é a única coisa que eu posso fazer. Ele tem uma razão para tudo, embora eu não possa imaginar por que eu tenho Alzheimer. Eu não sei se há alguma indicação de quem terá ou de quem não terá isso. Um dia tudo está funcionando e, de repente, o botão cai.

Acho que eu tenho uma fé mais forte do que antes. Frequentemente eu tento ser tão humana e penso que posso fazer tudo isso sozinha, e sei que não posso. Eu apenas tenho que viver minha vida da melhor maneira diante de minha habilidade e colocá-la nas mãos de Deus.

Eu não gosto de cometer erros. Eu fico zangada comigo mesma, e posso chorar muito mais facilmente do que rir. Eu gostaria de ter vivido com sentimentos melhores do que tive em alguns momentos. Eu gostaria de ser perfeita. Mas eu nunca fui e nunca serei. Essa doença faz você se sentir tão desamparada. Perdi meus sentimentos de satisfação própria, de que eu era capaz de fazer coisas, e tenho um pouco de ressentimentos a esse respeito. Mas eu viverei com isso.

Eu gostaria de ser um bom exemplo para alguém que está vindo. Eu aceitei o Alzheimer, mas tenho que resmungar um pouco! Eu aceito isso, porque não posso fazer nada para mudar. É apenas uma dessas coisas que eu tenho que relevar. Acho que tenho uma boa postura. Eu não gasto muitas horas ou muitos dias desagradáveis pensando sobre isso. Eu sigo com minha vida e faço o que há para fazer. E minha vida é, considerando tudo, muito boa.

***

Depois de nossa entrevista inicial, perdi o contato com a Bea, já que ela não participou em nosso centro de pesquisas. Eu recebi, no entanto, notícias periódicas da enfermeira especializada do Socare. Dois anos depois de nosso encontro, Joe teve um derrame com dano cerebral considerável e foi hospitalizado por quatro meses. Ele se recuperou incrivelmente bem, mas sofreu sequelas de grau intermediário. O sobrinho de Bea, seu único parente, conseguiu que ela recebesse auxílio em casa durante a hospitalização de Joe. Mas com Joe agora incapacitado, o casal iria necessitar de uma assistência mais abrangente e contínua. Após a liberação de Joe do hospital, eles se mudaram para uma comunidade de aposentados, que oferecia assistência com refeições e cuidados pessoais na medida das necessidades. Insatisfeitos com o clima e a qualidade dos serviços, Bea e Joe fizeram uma série de mudanças nos dois anos consecutivos, antes de finalmente encontrarem uma comunidade adequada. Quatro anos se passaram antes que eu os encontrasse de novo.

Quando vi Bea, fui surpreendida por sua aparência frágil. Ela se sentou rigidamente em sua cadeira reclinável. Sua voz fraca me cumprimentou com ritmo monótono, e eu me perguntei se ela não teria sofrido um derrame. Joe sentou-se em frente, em uma escrivaninha abarrotada, sobre a qual as coisas da vida do casal estavam reunidas em uma bagunça semelhante. Eu, desta vez, ocupei a cadeira reclinável próxima a Bea. A sala de seu apartamento de um quarto estava na penumbra. A brilhante luz solar iluminava suavemente suas pesadas cortinas fechadas, e eu resisti à tentação de abri-las. Eu senti claustrofobia; minha consternação inicial pela aparência de Bea e pelo seu modo de vida começou a esmaecer minhas esperanças de comunicação. Havia o risco de eu me tornar mais uma pessoa a abandonar o círculo já minguante de Bea e Joe. Controlando meus julgamentos e me concentrando em Bea, repensei minha preocupação com as cortinas do apartamento, inalcançáveis, e puxei minhas próprias cortinas internas.

Reajustei minha impressão de seu ambiente relativamente esparso: Joe e Bea tinham simplificado a vida. Seu pequeno apartamento estava agora mobiliado apenas com o essencial. Eu me lembrei muito bem dos esforços de que eles padeciam para encontrar coisas em sua espaçosa casa anterior. E, assim que começamos a rever as mudanças dos últimos quatro anos, tornou-se evidente que, embora frágil fisicamente, as capacidades de comunicação de Bea tinham se mantido notavelmente flexíveis. Ela se tornou incrivelmente alerta, e sua rala – mas resoluta – risada soprou longe aquele estagnado espaço: "Nós fizemos um bazar na garagem e doamos muita coisa. Agora eu não tenho mais nada para perder!". Divertindo-me com sua candura, pedi que ela tratasse dos seus problemas para se vestir, e Bea pareceu feliz por ter encontrado uma solução para essa tarefa complexa de sua vida diária.

Eu ainda tenho problemas para me vestir. Então, não faço mais isso sozinha. Eu tenho uma garota que vem e faz isso por mim. É um alívio. Ela vem toda manhã, abre o chuveiro e toma conta de todo o resto do meu banho. Eu me sinto tão inútil, mas não há nada que eu possa fazer. Essa garota é valiosa. Ela realmente é um doce. Ela me veste e, se ela não está aqui, Joe pode fazê-lo, mas é um transtorno. Eu não sei o que fazer e ele não sabe o que fazer, então nenhum de nós faz nada. É terrivelmente difícil para um homem ter que saber o que fazer. Talvez eu devesse simplesmente me associar a uma colônia de nudismo!

Lufadas de risos agora circulavam pelo apartamento. Aproveitando dessa vitalidade, senti uma gratidão extraordinária por Bea, por me sacudir involuntariamente até me fazer tomar consciência da força vital que buscava persistentemente caminhos por entre a desorientação de sua mente. Sua incapacidade funcional era típica de Alzheimer avançado. Ela precisava de ajuda para tomar banho, pentear-se, arrumar-se e comer. A fraqueza física requeria o uso de uma cadeira de rodas. Na maioria dos casos, a compreensão e a expressão verbal também estariam afetadas de modo significativo. Porém, Bea conservou essas habilidades, e seu intacto senso de humor ajudou a compensar o desespero de suas demais perdas.

Eu nunca em minha vida sonhei que poderia ter qualquer problema em me vestir, porque estava muito acostumada com isso. Agora, eu visto minha camisola no avesso às vezes, mas não deixo que isso me aborreça. Eu posso dormir do mesmo jeito, com ela no direito ou no avesso. Só me deixe ir me deitar! Eu gosto de dormir.

Nós temos outra garota que vem aos finais de semana. Ela está se acostumando conosco, mas, no início, deve ter pensado que isso tudo era uma ingunça do baferno!* (*Bea sorriu por ter intencionalmente modificado a expressão "uma bagunça do inferno" para evitar o palavrão.*) Ela me defende quando alguém tenta me aborrecer. Às vezes, na sala de jantar, aparecerá alguma velha bruxa que pensa que tudo lhe pertence. Mas minha garota vai me defender. Ela me leva à sala de jantar na cadeira de rodas. Eu posso andar, mas, às vezes, tenho dificuldade. Minhas pernas simplesmente desistem. Acho que a cadeira de rodas é maravilhosa. Quando é preciso ir mais longe, você chega lá bem mais rápido.

Eu posso me alimentar até certo ponto. Mas eu peno para identificar a comida. Eu posso ver, mas não sei dizer o que é. Então, é um estorvo. Hoje, Joe estava me ajudando com o sorvete de chocolate, e ele derramou sobre mim.

Eu tinha notado as manchas de chocolate nas calças brancas de Bea. Minha primeira reação foi de tristeza, porque parecia que ela estava se tornando desleixada e não estava recebendo a devida atenção que merecia. Entretanto, conforme ouvia a anedota das manchas de chocolate sendo contada em meio aos sons fracos, mas animados, da risada de Bea, eu comecei a gostar do fato de ela e o Joe se ajustarem para achar graça na incapacidade de cada um. Não havia exposição ao ridículo; ao contrário, o humor nascia da empatia. A agnosia visual de Bea tinha se estendido à comida. Ela não conseguia identificar suficientemente bem a ponto de saber como comer. O derrame de Joe deixou-o menos coordenado. Embora conhecesse os passos para alimentá-la, ele, às vezes, atrapalhava-se na execução.

---

* Em inglês, a conversão é mais simples e usual, bastando trocar as letras iniciais das palavras da expressão: *hell of a mess* se torna *mell of a hess*. Em português, optamos por trocar as primeiras sílabas, na tentativa de construir um trocadilho aproximativo. [N.T.]

Mesmo entristecida com sua condição, Bea priorizava a apreciação da ajuda que lhe era fornecida, em detrimento das perdas pessoais que destacavam sua dependência. Ela gostava das mulheres que tomavam conta dela. Sua presença era um brilho na vida de Bea, ao invés de uma lembrança intrusiva de sua incapacidade. Comumente se pensa que pessoas em estágios mais avançados de Alzheimer, como Bea, podem se esquecer da natureza de suas próprias doenças, devido à severa perda de memória. Assim, o que parecia aceitação poderia ser diminuição da consciência. Eu estava curiosa a respeito da avaliação de Bea de sua condição, e gentilmente lhe fiz uma pergunta bem direta: "Como está sua memória nestes últimos dias, Bea?"

"Que memória?" (Ela se esforçou para rir e falar ao mesmo tempo.) "Às vezes está dentro, mas, outras, está fora! Não tenho, porém, nenhum problema para falar; bata na madeira." (Ela bateu em sua cabeça.) "Mas, às vezes, parece que tudo me frustra e eu quero arremessar algo pelos ares. E eu faço. Depois, sinto-me uma boba quando tenho de pegar de volta."

O ânimo de Bea mudou, e ela ficou chorosa. Joe pareceu um pouco intrigado, então perguntei em seguida: "O que você arremessa, Bea?" (Ela apontou silenciosamente para seu lenço úmido.) "Eu simplesmente não aceito tão bem, às vezes. Normalmente tenho uma excelente disposição. Eu não fico repugnante com frequência. Mas, quando acontece, fico extremamente repugnante."

Embora o diálogo tenha inicialmente se estabelecido entre Bea e eu, a presença de Joe estava atenta, e ele contribuiu ocasionalmente com a discussão.

"Eu não entendo. Não é difícil conviver com ela", ele comentou, como se tentasse assegurar a Bea que ela não era tão temperamental quanto pensava.

"Você não está respondendo as perguntas, Joe!" O tom de Bea era resistente.

Mesmo que o companheirismo do casal fosse divertido, havia um pequeno tom de irritação na fala de Bea. Não estava evidente quanta frustração ela descarregava externamente, mas a experiência de exasperação absoluta é bem real para muitas pessoas com Alzheimer.

Enquanto seu senso de humor e sua capacidade de aceitar ajuda aliviavam um pouco do estresse, era como se o mundo interior de Bea se enfurecesse com mais frequência do que sua aparência revelava.

Apesar de suas incapacidades agravadas, Bea e Joe sentiam prazer em algumas das atividades oferecidas pela comunidade de aposentados, especialmente no entretenimento musical. Mesmo não podendo mais fazer o trajeto até a igreja, eles assistiam aos serviços religiosos da manhã de domingo pela televisão, e Bea continuava recebendo um conforto considerável de sua fé. Seu sobrinho e a esposa viviam subindo uma encosta, a muitas horas de distância, mas mantinham contato telefônico e faziam visitas ocasionais. O tempo passou e, embora Bea dissesse que estava relativamente contente, ela se tornou ambivalente em relação à sua vida.

Eu tenho esperado por muito tempo que Deus me leve embora. Seria melhor para mim, porque eu seria libertada desses sentimentos misturados que sempre tenho. Mas, por enquanto, eu não posso realmente fazer nada a respeito. Você tem de aceitar a vida como ela é.

Eu não fico pensando muito no Alzheimer. Acho que é uma coisa boa fazer isso. Você tem de deixar isso para trás. Você só tem de pensar em outra coisa. Você fica pensando que algo vai acontecer e que vai ficar melhor. Não vai, mas você continua acreditando. É uma situação difícil, mas você tem de aceitar. Viver com isso e tentar ser feliz. É tudo que você pode fazer. Você tem de aproveitar o bem no mal.

– Acho que ela tem feito um bom trabalho com tudo isso. – O elogio de Joe era genuíno.

– Mesmo que você queira me dar um chacoalhão de vez em quando?

– Isso mesmo – admitiu, com um sorriso sincero.

– Você não vai sair ileso, Joe – Bea gracejou, sabiamente.

***

Após deixar o apartamento dos dois, refleti sobre o significado da réplica de Bea. O Alzheimer realmente cobra tanto da pessoa afetada quanto da família, conforme todos ficam cercados pelos inúmeros desafios da doença. Embora muitos se perguntem com frequência quem sofre mais nessa dinâmica, trata-se de uma pesquisa desorientada. Bea vivia com a condição que persistentemente atrapalhava qualquer percepção de estrutura e estabilidade internas. Ela procurava se agarrar a uma fundação de base do conhecimento adquirido: a habilidade de identificar e definir o mundo visual ao seu redor; as técnicas para se sair bem em tarefas básicas do dia a dia; os meios de acesso aos arquivos da memória. Mas o Alzheimer danificava gradual e persistentemente essa fundação, deixando Bea perplexa e desorientada dentro de sua própria mente. E Joe, testemunha do impacto do Alzheimer sobre ela, era continuamente desafiado a não só entender seu mundo interior, mas também interpretar o mundo exterior para ela. Ele era forçado a manter a estrutura de vida para os dois, quando Bea não podia segurar uma sozinha. Cada um deles vivenciou desafios únicos e igualmente significativos, que merecem atenção e estudo.

Enquanto eu caminhava em direção à saída do estabelecimento em que viviam, uma ampla sala de entrada criava uma transição entre o apartamento de Bea e Joe e o mundo lá fora. Eu me dirigi à brilhante luz solar, destravei meu carro, abri a porta e sentei em silêncio. Estive com Bea por uma hora e meia, mais ou menos. Um encontro rico e acolhedor, triste e bem-humorado. Foi iluminante. E é justo dizer que ficamos cansadas. Nós duas nos empenhamos muito: ela, revigorando suas remanescentes capacidades físicas e mentais para se comunicar comigo sobre seu mundo; e eu, estabelecendo ainda um espaço dentro de mim onde meus julgamentos, medos e tristezas iniciais foram silenciados para poder ouvir suas mensagens.

Não eram apenas as suas mensagens verbais que eram importantes de serem ouvidas. Fico me lembrando de quão rapidamente nossos olhos erguem julgamentos. Se eu não tivesse interrompido a avaliação que começava a fazer de Bea, diante da primeira imagem de sua frágil presença física na sala escura, eu teria concluído erroneamente que ela estava incapacitada de dialogar comigo como fez. Quatro anos foram um longo intervalo entre as duas visitas, e obviamente Bea estava diferente. Sua agnosia visual estava ainda mais severa, e combinada ao seu progressivo desarranjo de memória, fazia com que a realização das tarefas mais básicas nos cuidados pessoais fosse praticamente impossível. Com a progressão do Alzheimer, seguida ou não de pequenos derrames, seu corpo tinha se enfraquecido consideravelmente, fazendo-lhe necessitar de muito mais assistência para o movimento. Porém, apesar dessas dificuldades, Bea, sob alguns aspectos, era a mesma. Seu humor, suas capacidades linguísticas e seus *insights* eram destacadamente adaptáveis.

Minha entrevista com Bea fez-me lembrar com precisão da rapidez com que nós medimos incapacidades, deficiências e diferenças, correndo o risco de supervalorizar capacidades, forças e semelhanças. Na verdade, Bea tinha experimentado essa dinâmica nas interações sociais e médicas já desde o aparecimento do Alzheimer. Apesar de suas habilidades verbais, ela se tornou mais caracterizada por suas desconexões e menos valorizada por suas forças. Certamente, os desafios para os indivíduos com Alzheimer e para aqueles com quem interagem são mais significativos à medida que os sintomas pioram. Por causa do padrão específico da doença, muitos podem não ser capazes de preservar as habilidades verbais e criativas de Bea. Mesmo assim, durante o percurso do Alzheimer, cada um continua a veicular mensagens, por meio de ações, gestos, expressões e comportamentos. O Alzheimer não resulta em uma completa incapacidade de comunicação. Mas pode demandar nosso tempo, energia, receptividade e ingenuidade para observar, ouvir e compreender efetivamente.

Embora Bea sentisse tanto tristeza quanto irritação diante de suas perdas, ela não enfrentou sua doença como uma batalha. Sua reação poderia ser interpretada como desesperançosa ou passiva, mas isso não lhe daria uma inspiração mais profunda para seu estilo de sobrevivência. Logo no início do Alzheimer, sua fé em um plano divino levou-a à decisão de tentar aceitar seu destino. Se ela tinha de ter essa doença, ela esperava tê-la graciosamente e desempenhar o papel encorajador de modelo para alguém que tivesse de encarar o mesmo diagnóstico. Enquanto os sintomas e o decurso do Alzheimer podem certamente alterar os melhores planos, Bea tem sido poupada de mudanças significativas em seu temperamento. Apesar de consideráveis desafios e reviravoltas, sua "disposição sempre agradável" permaneceu intacta.

Bill

Assim como, para mim, é difícil ler e escrever ou falar de mim mesmo, também acho que a terapia é importante para mim e é uma ajuda para outros conhecerem o que estou vivendo.

Eu não consigo me lembrar da primeira vez que encontrei Bill. Nossa relação é como uma linguagem que eu aprendi com o tempo e de cujas primeiras palavras não me recordo. Em 1992, Bill chegou acompanhado de sua esposa, Kathleen, para seu primeiro ano de avaliação no nosso centro de pesquisas. Com 54 anos, diagnóstico de Alzheimer e progressiva piora de sua memória, linguagem e habilidades escritas, Bill foi forçado a se aposentar do trabalho, de que muito gostava, como editor de uma revista da Divisão de Serviços Estrangeiros da Agência de Informação dos Estados Unidos. Essa agência representa as políticas governamentais no exterior e confia a suas revistas a publicação de artigos que ilustrem acordos benéficos entre os EUA e outros países mundo afora. Bill se lembrava de sua profissão com gratidão: "Eu tenho um pressentimento do que Thomas Edison quis dizer com: 'Eu nunca trabalhei um dia em minha vida – tudo tem sido por diversão'. Nada é comparável a essa efervescência de criar algo para os outros, seja inventando o bulbo da lâmpada ou publicando uma revista".

Em um cruel e irônico furacão do destino, a afasia expressiva – incapacidade de produzir linguagem verbal – combinada à perda da habilidade de soletrar estiveram entre os primeiros e mais proeminentes sintomas do Alzheimer de Bill. A linguagem tinha sido por muito tempo

Alzheimer 53

sua arte e sua especialidade, mas a composição de palavras em expressão verbal ou texto era agora um processo árduo e frustrante. Assim que nos tornávamos próximos, no entanto, ficava evidente que a mente de Bill mantinha uma narrativa de pensamentos e sensações sobre o Alzheimer em funcionamento. Seu semblante amigável e barbudo disfarçava uma qualidade de obstinada tenacidade: ele estava determinado a enfrentar os desafios de sua doença de cabeça erguida.

Apesar de sua limitação com a linguagem, Bill estava bastante receptivo a ser entrevistado. Na manhã de nosso encontro, eu estacionei em frente à sua casa, do lado oposto à quadra de tênis do bairro. Bill e seu amigo Chuck, também diagnosticado com Alzheimer na meia-idade, eram ávidos jogadores de tênis, e Bill estava pacientemente ensinando Chuck no jogo. Esse relacionamento servia como uma amizade valiosa para ambos, e também como uma satisfatória fonte de atividades e exercícios físicos.

Eu entrei na residência por um sombreado pátio de hortaliças, e tanto Bill quanto Kathleen me esperavam para as saudações. Eu já a conhecia de encontros anteriores em nosso centro de pesquisas e fui acolhida por seu cumprimento. O interior de sua casa refletia um ambiente de paz profunda. Toda uma estatuária de bronze hindu e budista adquirida em seus cinco anos no Serviço Estrangeiro na Índia enchia a sala com um ar contemplativo e tranquilizante. Embora a vida estivesse despejando consideráveis doses de estresse sobre os moradores daquela casa, parecia que, se alguém simplesmente ficasse inspirando e expirando no centro de sua sala, as tensões iriam se dissipar e de algum modo passar.

Bill abraçou a oportunidade de expressar seus pensamentos, mas naquele momento ele parecia nervoso com a entrevista. O gravador estava posicionado sobre a mesa à nossa frente – uma presença incômoda. Bill tinha confiado nos gravadores para compensar sua memória falha durante seus últimos anos como editor de revista. Ainda que o gravador antes tivesse sido uma ferramenta útil, agora ele iria capturar não apenas o conteúdo de nossa conversa, mas cada luta e desafio de caça-palavra que Bill enfrentaria em sua atual condição. Entrevistas tinham sido rotineiras em sua carreira, mas agora ele se preocupava com sua capacidade de produzir palavras suficientemente bem para expressar seus pensamentos.

O manuscrito de Bill também estava sobre a mesa. Um ano após receber o diagnóstico, ele começou a laboriosa tarefa de registrar sua vida com Alzheimer. Ele esteve obcecado por esse projeto nos dois últimos anos e tinha se apressado em anotar seus esforços de conquista sobre a doença, enquanto ela simultaneamente lhe roubava sua habilidade de escrita. Embora não houvesse ainda nada gravado na fita, o manuscrito repousava com sólida provocação. A substância do preto e branco impresso no papel convertia em permanência a indefinição crescente da linguagem e das memórias de Bill. Escrito enquanto sua linguagem estava muito menos afetada, o texto sempre se ergueria como um testamento de uma identidade passada – uma identidade transformada pela influência do Alzheimer. Eu perguntei ao Bill como tinha sido para ele escrever o manuscrito, e sua custosa resposta voltou-se aos profundos desafios que ele agora enfrentava tentando se comunicar: "Bem, hum, eu... hum... hum... Eu estou... Eu estou... simplesmente... simplesmente bloqueado. Hum... havia algo que eu ia dizer e estou... eu... Isso é... isso é terrível... essa... essa... isso é o que... isso é o que é. Eu acho que vejo coisas... que... que... que rodam e que vão embora, e eu não posso trazê-las de volta. Isso é... isso é tão... você sabe, isso... você... você só quer... (suspiro)... bem, você não... você não quer que isso ocorra".

Bill e eu decidimos considerar seu capítulo como uma colaboração. Nós entrelaçaríamos o texto de seu manuscrito com seções de nossa conversa transcrita e coeditaríamos o projeto. Documentar e fixar permanentemente no papel toda a hesitante e gaguejante evidência de sua torturante deficiência de fala teria humilhado e ferido Bill. Portanto, este capítulo, ainda que não seja autêntico em relação ao processo de sua linguagem como visto acima, permanece autêntico em relação à sua mensagem.

Assim que o gravador começou a rodar, Bill e eu utilizamos seções de seu manuscrito como base para nossa conversa.

Alzheimer 55

O início

Bill reconheceu o primeiro episódio de perda de sua memória sete anos antes de seu diagnóstico em 1991. Mas, por causa de sua existência familiar relativamente nômade e do estímulo constante do seu trabalho no Serviço Estrangeiro, os problemas de memória eram inicialmente irregulares e difíceis de compreender. Bill documentou esse começo em seu manuscrito.

Durante 13 dos meus 27 anos na Agência de Informação dos EUA, minha esposa Kathleen, nossos dois filhos, Collin e Neil, vários gatos e furões, e eu vivemos como uma família nômade do Serviço Estrangeiro. Ficamos instalados por dois anos no México, cinco na Áustria, mais cinco na Índia e um ano na Tunísia.

Acho que meu primeiro problema sério com perda de memória ocorreu por volta de 1984. Bons amigos nos visitavam em Viena e eu fiquei completamente sem palavras. Foi tão repentino e embaraçoso... Eu quase não era capaz de lhes mostrar os lugares por causa de meus lapsos de memória. O problema persistiu durante a maior parte da estadia deles. Depois desapareceu e só voltou a emergir após vários anos, na Índia. Eu era um oficial aduaneiro e devia redigir o memorial semanal encaminhado à equipe de Washington e aos três postos regionais na Índia. Eu comecei a levar um gravador às reuniões da equipe, porque não conseguia lembrar ou tomar notas. Isso também ocorreu na época em que minha ortografia se tornou vacilante, de modo que comprei um dicionário de bolso. Eu ainda preciso dele e o utilizo, mesmo para palavras básicas. Os problemas eram bastante desestabilizadores e me conduziram ao retraimento em uma concha de angústias internas.

Quando nos mudamos para Túnis, um ano antes do meu diagnóstico, eu tentei aprender francês. Foi nesse período que Kathleen ficou ainda mais preocupada comigo. Eu não conseguia lembrar a conjugação sequer dos verbos mais simples. Esse foi apenas o último de uma série de fatos. Estava esquecendo meu almoço, minha pasta, minhas chaves, e tinha de escrever palavra por palavra do que eu queria dizer em uma conversa telefônica. Eu não conseguia me organizar e isso não melhorava.

A descrição de Bill testemunhava os sentimentos de medo e confusão comuns nas fases iniciais do Alzheimer. Muitos de nós temos períodos de desarranjo em nossa vida que não refletem a instalação de uma doença. Frequentemente esses períodos estão ligados a mudanças de rotina, aumento do estresse, depressão ou demandas de novos desafios. Uma vez que essas condições estressantes desaparecem, nossas habilidades organizacionais retornam. Em essência, o chão é sólido embaixo da pilha de desordens, escombros e excessos que se acumulam durante um certo tempo, mas precisamos trabalhar para deixar a casa limpa.

Para Bill, no entanto, a fundação de sua mente estava se movendo para locais imprevisíveis. Tanto quanto havia tentado organizar seu ambiente, ao andar em terrenos previamente confiáveis, sua caminhada era agora incerta, o que lhe forçava a criar formas elaboradas de encontrar suporte e ultrapassar confusas zonas de perigo. Suas tentativas de restabelecer a ordem em sua vida tinham sucesso limitado, e o problema se tornava progressivamente pior. Tal progressão, em face de cada expectativa de compensação, era alarmante.

O diagnóstico

Os sintomas de Bill de perda de memória e desorganização não podiam ser associados a uma causa específica e começaram a ocupar áreas maiores. Ele documenta que, enquanto estava em repouso e recuperação do ocorrido na Tunísia, Kathleen e sua irmã o convenceram a passar por uma avaliação em uma clínica em San Diego. Depois de um exame físico e neurológico completo, Bill foi diagnosticado com a doença de Alzheimer. Ele escreveu:

Na época, eu fiquei bravo com as duas e com o sistema em geral. Eu me senti como se tivesse sido revirado contra minha vontade. Estávamos planejando a aposentadoria para depois de mais três ou quatro anos na Tunísia, depois de que nosso filho mais jovem se graduasse pela Universidade da Califórnia, San Diego. Mas, depois do diagnóstico, a aposentadoria foi imediata.

Com 54 anos, parecia que eu tinha sido rotulado de incompetente, depois de toda uma vida de proficiência. O psicólogo que me examinou disse-me que eu consideraria incrivelmente penoso trabalhar ou mesmo dirigir um carro. Eu fiquei arrasado. Depois do diagnóstico, eu me lembro de andar para fora da clínica, em uma noite fresca em San Diego, sentindo-me sem esperança, como um homem acabado. Na manhã seguinte, o neurologista se desculpou pela falta de tato do psicólogo, e então começou a explicar os pontos relevantes de suas próprias descobertas, reforçado pelas imagens sombrias da ressonância magnética, que mostravam os espaços evidentes no meu cérebro minguante. O momento mais assustador em todo o processo foi esse primeiro diagnóstico. Eu me perguntava se haveria algo pelo qual devesse viver. Foi um momento horrível.

Muitos indivíduos e suas famílias relatam um desespero semelhante quando recebem a notícia. A vida parece bastante assustadora, e o futuro está encoberto por futilidade. Um diagnóstico, particularmente quando dado de modo insensível, pode ser muito abrupto. A progressão real do Alzheimer, no entanto, é mais gradual. As limitações de Bill eram obstáculos significativos e dolorosos para seu desempenho no trabalho e sua qualidade de vida. Ele e Kathleen fizeram numerosos ajustes nos anos precedentes ao diagnóstico, e haveria tantos outros desafios aos quais se adaptar com os anos avançando. Mas Bill não estava, de modo algum, completamente incapacitado. O Alzheimer tem várias nuances. Infelizmente, o diagnóstico apaga com frequência a luz que pode ajudar a vê-las.

Remédios alternativos

Bill e Kathleen descreveram um período de escuridão que surgiu e a consequente necessidade de iluminar sua realidade com esperança. Buscando desafiar a futilidade, eles pararam em uma loja de alimentação saudável, inspirados por um homem que havia escrito um livro sobre seu sucesso na reversão do Alzheimer. Bill e Kathleen compraram o livro e passaram os dois anos seguintes repetindo os passos que o autor afirmava terem lhe curado de sua doença. Foi um período de esperança no qual Bill estava convencido de que ele iria vencer o Alzheimer.

Eu tentei expurgar de meu corpo qualquer toxina que talvez pudesse estar causando a doença. Eu tive todas as minhas obturações de mercúrio removidas e trocadas por granito, e recebi tratamentos por quelantes para drenar qualquer depósito de metal pesado para fora de meu corpo. Comecei uma dieta rigorosa que incluía numerosas vitaminas e suplementos alimentares e um longo jejum em que apenas bebia água. Eu sabia que algo estava errado, mas isso só me fez tentar manter tudo certo. Eu pensei que poderia derrubá-lo.

Eu posso não estar livre do Alzheimer agora, mas entendo muito mais sobre nutrição por conta de minhas experiências, e acho que isso é importante. Eu tenho dado ao meu corpo toda oportunidade de estar saudável e com sorte retardar a progressão da doença. Eu sinto que tudo que tentei ajudou de alguma maneira e também me trouxe esperança. O que é mais importante agora é que estou vivo, saudável, consciente e cercado por minha amada família. Mas acho que as pessoas vão reconhecer que existem outras questões sobre saúde e doença do que elas aparentemente veem.

O testemunho de Bill possibilitou tanto reações de encorajamento quanto de precaução. Eu apreciei e respeitei sua manobra para ocupar sua mente com ambições de saúde, ao invés de um foco depressivo na doença. Tratava-se de uma estratégia de sobrevivência que lhe permitia estar no comando em face de um diagnóstico tão prostrador. E embora cientistas ocidentais antes desconsiderassem a medicina "alternativa", há um crescente respeito e interesse de pesquisa em relação ao valor medicinal de vitaminas, ervas, boa nutrição, redução do estresse e exercício físico. De fato, alguns dos suplementos nutricionais que Bill consumiu foram avaliados em parâmetros de pesquisa como tratamentos potenciais do Alzheimer.

Mas é importante que sejamos consumidores cuidadosos e informados. Normalmente é difícil distinguir entre valorizados remédios baseados em ciência relevante, investigação e prática efetiva, e aqueles que são produtos de esquemas de mercado sedutores e enganadores que caçam nossas vulnerabilidades e esperanças de cura. Quando se está diante de uma doença séria, e com nenhuma outra esperança de alívio, é frustrante superar os tediosos anos de investigação e aprovação governamental necessários para que remédios ou tratamentos se tornem disponíveis ao público. Sem uma investigação formal, no entanto, é muito difícil determinar quais remédios são realmente úteis, quais têm efeitos colaterais nocivos, e quais são meramente gastos inúteis bem propagandeados nas finanças dos consumidores.

Confrontado por mudanças

Mesmo que Bill sentisse que sua experiência com remédios alternativos tinha melhorado sua saúde geral, a progressão dos seus sintomas lhe forçou a reconhecer o impacto da doença em sua vida diária. Nós colocamos de lado seu manuscrito e falamos das mudanças que ele encarava agora.

Tudo que eu fiz na minha vida até agora tem sido ótimo. Mas agora tenho sido confrontado por essa doença contra a qual nada posso fazer. Eu era um editor e agora não sei mais escrever. Eu cometo erros o tempo todo. Não consigo me lembrar do que eu quero escrever ou de como vou fazê-lo. Eu tenho de voltar e reescrever, de novo, de novo. Eu não vou achar que a escrita está boa, então terei de começar tudo novamente. Eu mal consigo digitar mais. Ao longo da minha carreira, eu costumava fazer toda a minha digitação. Agora, eu estou apenas digitando na velocidade de um dois, um dois, e, nesse intervalo, esqueci o que queria dizer. Essa doença se aproxima e simplesmente me derruba.

Eu mal posso usar o computador. O computador costumava ser um bom amigo, mas agora eu não consigo lembrar, de uma hora para outra, como lidar com ele. Eu sempre procuro um dos meus filhos para que ele arrume isso direito. Mas fico imaginando o que eu vou fazer quando eles não estiverem aqui morando conosco.

Meus filhos estão lidando muito bem com isso. Eles são ótimos garotos. Eles estão sempre me animando, e isso é divertido. Antes eles aprendiam comigo, e agora eu tenho de aprender com eles. Eu realmente não gosto disso. Eu sinto como se tudo estivesse de cabeça para baixo, mas é o modo como tem de ser. Eu gostaria de escrever sem ter de ser tão desagradável. Eu me sinto tão estúpido quando tenho de pedir ajuda. Mas eles não ligam. É uma vergonha que tenhamos todo esse tempo juntos agora e eu não possa aproveitá-lo. Eu era tão "envolvido" antes. Para mim, eu poderia fazer tudo. Eu até construí uma casa. Eu não posso fazer mais nada disso.

Sei o que está acontecendo. Eu acho que minha doença está piorando, ao invés de melhorar. Eu não gostaria que isso acontecesse, mas é assim que são as coisas; então, não sinto tanta pena de mim, só nos momentos realmente ruins, quando eu quero "soltar os cachorros"!

Bill era um homem versátil. Ele tinha a flexibilidade para viver em diferentes países, adotar vários costumes e aprender novas línguas para se comunicar em seu entorno. Mas a exasperação ressoou por seu discurso vacilante assim que ele descreveu as circunstâncias assombrosas do Alzheimer. As competências literárias e linguísticas que Bill costumava usar para se ajustar a novos desafios estavam agora severamente comprometidas.

A pior das minhas aflições é não ser capaz de falar. Realmente é uma tarefa difícil. Eu sou capaz de produzir os pensamentos, mas não sou capaz de externá-los. Eu estou eternamente começando uma frase, e fico achando que não sei como terminá-la. E, então, eu espero que a pessoa com quem estou conversando não esteja mais ouvindo! Uma vez, quando estávamos viajando, eu estava tirando as malas do carro e alguém me perguntou de onde estávamos vindo. A única coisa que eu pude dizer foi: "Eu terei de lhe dizer amanhã". Eu não conseguia me lembrar que morava em San Diego. Eu talvez fosse capaz de lembrar e de responder no dia seguinte, mas não se pode ter uma boa conversa sendo necessário esperar até o dia seguinte.

A maior parte do tempo eu tento brincar sobre isso ou, se houver um membro da família por perto, espero que ele possa interpretar. Eu confio muito

Alzheimer   61

em Kathleen e nos garotos para decodificar o que quero dizer. Isso é como um ritual em nossa família. Quando nosso filho estava no jardim de infância, ele voltava para casa e Kathleen lhe perguntava sobre o que ele havia feito naquele dia. Ele sempre dizia: "Você me diz". Então Kathleen desenrolava uma ladainha de perguntas, "Você brincou na caixa de areia? Você pintou? Você cantou?", até que ele estivesse recomposto e pudesse responder. Todos eles fazem o mesmo comigo agora, pois às vezes eu só consigo falar uma letra do que quero dizer – como a leitura labial sugerida por George Bush acerca dos impostos.*

O espírito flexível de Bill era surpreendente. Muitas pessoas experimentam periodicamente uma palavra se enrolando na ponta da língua e ainda fora do alcance. Esse episódio é frustrante, mas, normalmente, se a palavra não se materializa, nós recuamos por um tempo até que possamos produzi-la mais tarde. Para Bill, quase toda frase envolvia essa experiência. Apenas para falar era requerida uma quantidade extraordinária de esforços, cada frase construída no ímpeto, propalada por uma urgência de produzir palavras antes que elas descarrilassem e desaparecessem irreversivelmente em uma profundeza neurológica. Ocasionalmente, como em um jogo de azar, Bill lançava uma palavra e uma surpresa total vinha à tona. Sua expressão perplexa seria superada rapidamente pelos fluxos de sua própria risada, que aliviava a tensão no reconhecimento do ridículo. Era impossível não rir com Bill. Como Bea, seu dom de escapar do trágico ao cômico era transcendente e deslocava muitos daqueles com quem tinha contato para fora do atoleiro da doença e para dentro de um cenário expansivo de humor. Mas, assim como todos nós saboreávamos essa suspensão ocasional, a fala de Bill era claramente sua perda mais dilacerante.

É comum pessoas com Alzheimer terem dificuldade com a linguagem ao longo do tempo. A doença inicialmente atinge o centro

---

* George W. Bush, ex-presidente americano, teria dito a frase "Read my lips: No new taxes" ("Leiam meus lábios: Não criaremos novos impostos"), que depois se tornou célebre, quando nomeado candidato à eleição presidencial pelo Partido Republicano em 1988. [N.T.]

da memória do hipocampo e eventualmente atravessa múltiplas regiões cerebrais responsáveis por linguagem, julgamento, visão, movimento e comportamento. Mas a função da linguagem de Bill foi atingida de modo particularmente sério e precoce no curso de sua doença, ocasionando sua severa afasia. Esse padrão de incapacidade não é previsível e varia entre as pessoas. Não apenas pessoas com Alzheimer têm personalidades e habilidades preexistentes diferentes, mas também – sem nenhuma razão aparente – a doença pode afetar regiões do cérebro diferentemente ou mais significativamente em pessoas diferentes. Às vezes, o Alzheimer se combina com outras doenças, como Parkinson, o que torna o padrão ainda mais complexo. Na raiz do problema de Bill, no entanto, reside o ponto comum entre todos os indivíduos afetados pelo Alzheimer.

A questão da memória

Eu esqueço tudo sobre o tempo! Metade do meu dia é esquecimento! Acho que todo mundo esquece, mas pessoas com Alzheimer esquecem ainda mais, e ficamos ainda mais irritados. Eu pergunto: "Por que eu? Por que eu perco essas coisas?".

Meu aniversário é nesta semana e Kathleen me comprou uma escrivaninha. Para mim é legal ter essa nova escrivaninha sobre a qual eu possa manter as coisas de modo organizado. Mas houve muito rebuliço para entrar com ela e montá-la. Eu não conseguia achar uma das ferramentas. Tentei, tentei e tentei. Eu me enfureci: "Mas onde está? Alguém pegou!". Claro que não. Descobriu-se que eu tinha pegado a ferramenta e a tinha colocado lá embaixo, na garagem, e ela esteve lá o tempo todo. Eu sempre tenho de andar, andar e andar até encontrar o que procuro. Kathleen frequentemente encontra coisas para mim e isso ajuda. Primeiro eu vou até ela, e normalmente ela sabe onde estão as coisas. Ela oferece muito apoio. Tem sido uma fortaleza.

Diferentemente de minhas vagas memórias iniciais de Bill, meu primeiro encontro com Kathleen continua vívido. Eu fui chamada ao escritório da enfermeira especializada para me apresentar durante a primeira avaliação anual de Bill realizada pelo centro de pesquisas. Enquanto ele estava passando por testes neuropsicológicos demorados, Kathleen estava sendo entrevistada para que se colhessem suas observações dos sintomas do marido.

Havia uma doce graciosidade no comportamento de Kathleen, que emanava de sua face avermelhada e lacrimosa. Seu suave sotaque inglês aludia a um caráter reservado que não podia ser mantido à luz da assombrosa turbulência que agora afrontava sua vida. Até a mais estável das rochas pode adquirir fissuras vulneráveis sob estresse, e Kathleen recebia pressão de várias direções. Ela estava terrivelmente deslocada, não apenas pelo diagnóstico de Bill, mas também pelo retorno aos Estados Unidos após o trabalho no Serviço Estrangeiro e pela mudança para San Diego, onde seu filho era a única referência familiar. Nossa tarefa como uma equipe de um centro de pesquisas era recuperar os cacos de um diagnóstico devastador e ajudar Bill e Kathleen a começar a reconstruir a vida.

Embora o Alzheimer seja uma doença muito desafiadora em qualquer idade, as questões referentes ao estilo de vida daqueles de meia-idade podem ser diferentes daquelas enfrentadas pelos mais idosos. Depois de trabalhar por muitos anos, os casais estão planejando a aposentadoria. O afastamento prematuro forçado causa, com frequência, preocupações financeiras, e rompe com o que para muitos é um período de satisfação em sua carreira. As esperanças e os sonhos de "anos dourados" vindouros são esmagados pela instalação da doença. As crianças podem estar em casa ou se aproximando da independência, ao mesmo tempo em que um pai está enfrentando um futuro de dependência crescente. Em uma sociedade que tem considerado o Alzheimer como uma doença da velhice, famílias mais jovens sofrem para encontrar um grupo de companhias e, com frequência, encontram-se agrupadas com casais de 10 a 40 anos de idade a mais. Bill e Kathleen mantiveram um intenso interesse pela vida e por aprender tanto quanto possível sobre Alzheimer, mesmo que a doença também cause uma separação da vida comum e padrão. Bill e Kathleen estavam lutando contra desafios que a maioria de seus pares não enfrenta, e percebendo que o apoio social era desencorajador.

Uma nova oportunidade

Reconhecendo um *deficit* nos serviços para casais como Bill e Kathleen, os profissionais de nosso centro de pesquisas desenvolveram um grupo de apoio educacional para casais interessados em aprender sobre a vida com Alzheimer, com duração de oito semanas. Bill e Kathleen concordaram em participar. Ele escreveu sobre essa experiência em seu manuscrito.

Eu mergulhei nessa oportunidade. Eu tinha recebido o diagnóstico havia dois anos, mas nunca tinha conhecido ou sequer visto outro paciente! Quando o primeiro dia chegou, eu estava um pouco nervoso, mas estava ansioso para encontrar novos amigos com quem me relacionar. Quando eu olhei inicialmente para o grupo, pensei que estávamos na sala errada, pois todos eram, pelo menos, 10 ou 20 anos mais velhos do que nós. Mas a distinção começou a se dissolver quando descobrimos que estávamos todos no mesmo barco e, nesse sentido, tínhamos a mesma idade.

O valor real do grupo era que estávamos começando a conhecer outros – tanto pacientes quanto cuidadores. Eu também tomei consciência dos diferentes caminhos que a doença toma em cada pessoa: eu não era capaz de encontrar minhas palavras, mas outros tagarelavam muito sem problema algum. Às vezes eles falavam seguidamente a mesma coisa! Alguns dos membros do grupo pareciam não ter nada de errado, até que você os conhecesse melhor.

Bill começou a reconhecer que ele era parte de uma comunidade de cidadãos que, embora unidos pelo Alzheimer, mantêm-se distintos em seus sintomas e estilos de sobrevivência. Ele estava revigorado pela experiência do grupo.

Após os participantes terminarem as oito semanas, nós indicamos aos cuidadores os grupos de apoio disponíveis na comunidade. Mas não há grupos disponíveis para as próprias pessoas com Alzheimer. Quando Bill me pediu que o encontrasse durante uma de suas reuniões no centro de pesquisas, sua mensagem foi simples e direta – um resultado de sua afasia significativa, assim como de sua inabalável determinação de ser proativo no enfrentamento dos desafios de sua doença. Cada palavra veio à tona com intenção e esforço: "Eu quero um grupo de apoio para nós, para os pacientes. Não oito semanas – sempre". Em seu manuscrito, Bill ecoava sua frustração: "Eu não consigo entender por que há tantos grupos de apoio para cuidadores e nenhum para os afetados!".

Eu não pude ignorar a retidão da demanda de Bill. Por que limitar uma experiência de apoio a oito semanas, quando sua doença é para a vida toda? Bill tinha uma vontade indomável de se manter ativo e desenvolver uma comunidade social. Eu percebi o sentido de sua impaciência, dado que ele não sabia por quanto tempo seria capaz de sustentar essa demanda. Eu sempre ouço esses pedidos dos parceiros cuidadores, mas é mais raro que as próprias pessoas com Alzheimer explicitem suas necessidades. Eu duvido que a razão disso seja não terem quaisquer necessidades. Porém, elas podem se esconder, passivamente, ressentidamente ou com algum alívio, atrás das habilidades funcionais e verbais do cuidador. A demanda de Bill imprimiu em mim a importância de ouvir a voz, ainda que fragmentada, da pessoa com Alzheimer.

Mantendo a esperança

Um incentivo que destacasse o pedido de Bill por um grupo de apoio serviria para uma necessidade comum a todas as pessoas com Alzheimer: a necessidade de atividades que fizessem sentido. Há frequentemente um desequilíbrio entre atividades reféns dos efeitos do Alzheimer e novas atividades estabelecidas com seu surgimento. A experiência da satisfação diária é subjetiva, e idealmente nós temos a oportunidade de escolher nosso tipo e nível de atividade. Mas, sem opções, podemos ficar desapontados e desencorajados. Bill confirmou esse problema: "Eu às vezes tenho um pouco de depressão, mas não acho que seja necessário analisar isso. Eu atribuo essa sensação ao fato de fazer sempre a mesma coisa. Dia após dia, não há muito o que esperar".

Pretendendo se voltar às necessidades de atividade de pessoas com perda de memória suave ou moderada, a sede de San Diego da Associação de Alzheimer criou um programa chamado The Morning Out Club (A manhã fora do clube). Tal programa está agora sob a responsabilidade do Silverado Senior Living e foi renomeado como The Friday Day (A sexta-feira). Enquanto eu trabalhava para desenvolver um grupo de apoio contínuo para participantes com Alzheimer, Bill ingressou nesse valioso programa.

No início, eu estava relutando em ir. Eu pensei que seria como um jardim de infância. Mas, desde o começo, percebi o quão aconchegante e carinhoso era o grupo. A palavra *Alzheimer* nunca é mencionada, e nós rimos bastante durante as quatro horas. Começamos sempre com um café, mas eu prefiro tomar o chá. Nós discutimos as notícias do dia, fazemos exercícios calistênicos e então trabalhamos em um projeto de serviço comunitário. Depois do nosso almoço, partimos para um esporte ou jogo, e então finalizamos com um jogo de palavras. Uma vez ao mês, em vez disso tudo, nós visitamos um museu ou algum outro lugar. Pode parecer algo inócuo, mas todo o tempo do passeio é planejado para que fixemos e aumentemos nossas faculdades. Eu fico encantado por uma oportunidade dessas existir.

Eu também faço musculação e jogo tênis duas vezes por semana. Eu tento escrever no computador tanto quanto possível. E eu assisto muito televisão. É engraçado, pois Kathleen sempre odiou televisão, mas ela sabe que eu preciso disso agora. Isso me ajuda, porque posso entender o que eu ouço, quando a pessoa não fala muito rápido.

Eu tento ler, mas é muito difícil. Essa insanidade me atinge. Eu me esqueço do que está na página. Eu leio uma linha, mas, quando vou para a próxima, não consigo encontrá-la. Levo tanto tempo para encontrar a próxima linha que me esqueço do que estava na anterior. É muito penoso e lento.

Eu posso ler coisas curtas, mas não posso mais ler um livro. Tentar ler apenas me mostra quão mal eu estou.

Entretanto, é importante ter esperança. O que nós faremos criando um grupo de apoio nos dará esperança. Pode não durar muito, ou pode não dar certo, mas é melhor do que não fazer. A pior coisa do Alzheimer é que as pessoas não saem. E deve haver coisas melhores que as façam sair. Eu não quero vegetar. O grupo The Morning Out Club é solidário. Nele, ninguém nunca fala sobre Alzheimer, e eu gosto disso. O grupo de apoio seria o lugar para falar disso. Pessoas com Alzheimer também precisam sair – ver que há vida lá fora. Então, talvez nós precisemos de um terceiro grupo também! O Alzheimer é algo de que se tem medo, mas, uma vez que você tem medo, sabe que não vai morrer tão logo, ou mesmo naquele ano.

***

Assim que eu atravessei o portão do jardim de Bill e Kathleen dois anos e meio depois, eu refleti acerca do tempo desde minha última entrevista com ele. O jardim da entrada estava diferente agora, e eu parei por algum momento para absorver o espaço. Lírios quinzenais brancos e lírios africanos lilases estavam na florescência, e o som de água corrente chamava de algum lugar escondido. Um pequeno santuário de pedra emergia dentre as flores.

Dessa vez, quando Bill e Kathleen me saudaram da porta, eu olhei o rosto de duas pessoas que tinham se tornado parte da minha agenda semanal no centro de pesquisas. A solicitação de Bill por um grupo de apoio tinha se concretizado, e nos últimos 28 meses ele raramente tinha perdido uma semana. Estávamos nos movendo juntos no tempo, de um modo único, que eu experimentava apenas com os membros desse grupo de apoio. Cada pessoa estava se fundindo na minha vida como gradações de cor que começam nos tons apagados de uma aquarela e progridem, com cada aplicação, até as ricas dimensões de uma pintura. Cada uma das perdas a que eles estavam submetidos pelo Alzheimer, enquanto subtraíam certos aspectos da vida, deitava ainda outra camada de pigmento sobre a tela e me propiciava aprofundar minha visão para ver o retrato em mutação de cada pessoa.

As perdas de Bill continuaram a ser mais significativas na área da linguagem. Nessa ocasião, Kathleen se uniu a nós para a conversa em volta da mesa de jantar redonda. Ela era um recurso inestimável para Bill, tendo aprendido a decifrar seus pensamentos com base no comando de uma ou duas palavras-chave ou de um gesto pantomímico. Ele estava confiante com sua presença, tal como alguém se sentiria grato a um intérprete ao se comunicar em uma língua estrangeira.

Mais uma vez, Bill tinha colocado seu manuscrito sobre a mesa. Embora escrever o manuscrito tivesse sido uma experiência terapêutica, sua presença agora despertava sentimentos dolorosos. Enquanto o texto antes tinha sido moldado em torno de Bill, como um par de sapatos familiar, os contornos de seu próprio eu tinham se transformado, de modo que os sapatos não mais serviam. Bill não podia mais escrever ou digitar. Ele tinha, pouco tempo antes, desmantelado todo o seu próprio sistema de computador, porque a presença do diário era uma lembrança dolorosa de sua perda: "Eu não posso acreditar que escrevi isso", ele gaguejou, em referência ao seu manuscrito. "Isso me... isso faz... isso me faz... mal, n... n... n... não mal... Eu não posso... eu não posso... triste. Onde... onde ela... toda ela... toda essa [habilidade] foi?"

A fisionomia desapontada de Bill era algo difícil de testemunhar. Às vezes, a única maneira de sobreviver vendo pessoas com as quais me importo profundamente progredindo na doença é focar nas habilidades que restam, destacando as dimensões de sua personalidade que ainda existe, mas que começa a se expressar diferentemente como resultado dos sintomas avançados, mesmo que seja um tanto hipócrita sempre ser otimista. Deve haver espaço para a tristeza e para o conhecimento das perdas, fundamental para o sentido verdadeiro do ser de cada um. No silêncio que se seguiu ao comentário de Bill, nós nos sentamos em um espaço triste, ainda que sagrado – um domínio em que o conforto do relacionamento absorveu a perda e a suavizou por meio do aconchego propiciado pela conexão e pela confiança humanas. Considerando o quanto Bill lamentava a ausência de suas habilidades prévias e competências adultas, fiquei surpresa pelo seu comentário seguinte.

Alzheimer 69

Eu estou me tornando mais infantil agora. Eu gosto das coisas de que as crianças gostam. Eu não tenho as mesmas responsabilidades. Eu posso fazer o que quero. Eu realmente sou uma criança.

Às vezes, a clareza simples dos comentários esparsos de Bill era surpreendente. Ele falava sem o desdém que eu frequentemente ouvia dos profissionais ou cuidadores que relatavam uma trágica regressão ao estado infantil, incapacitado e inútil. De fato, essa dependência crescente deposita uma grande responsabilidade no cuidador, mais do que o cuidado de uma criança dependente dos pais. E, diferentemente das sucessivas alegrias de testemunhar o desenvolvimento de uma criança, a regressão de um adulto está predominantemente ligada à perda, ao desespero e à humilhação.

Mas o comentário de Bill não evocou tragédia; em vez disso, ele reconheceu uma inocência irônica em sua vida mais simples. Certamente, se houvesse chance, ele seria curado do Alzheimer. Mas, sem essa opção, ele estava editando a narrativa verborrágica de sua vida em *haikai*, poemas cujas palavras minimalistas revelam menos uma pobreza de linguagem e mais a riqueza de cada sílaba escolhida. Bill valorizava a vida. E, embora ele e Kathleen continuassem a lamentar sua condição de transformação, houve momentos em que sua simplicidade infantil podia ser restauradora.

"Vamos caminhar", Kathleen refletiu, "e ele vai ficar muito excitado com um coelho ou qualquer outro animal que possamos ver. Em uma de nossas caminhadas, havia muitos caramujos no trajeto, e algumas pessoas os esmagavam enquanto andavam. Bill parava e pegava os maiores, jogando-os nos arbustos, tentando salvá-los. Esses são os preceitos do Budismo – a reverência à vida – que permaneceram comigo, e também com Bill. Antes do Alzheimer, ele provavelmente não teria parado, porque há sempre algo mais acontecendo. Então, você apenas reduz o ritmo e aprecia as pequenas coisas".

O Alzheimer estressou tanto Bill quanto Kathleen. Mas, enquanto a vida dele se simplificava, as responsabilidades dela se multiplicavam. Eu fiquei tocada pela habilidade genuína de Kathleen para encontrar inspiração em tal desafio.

Desde nossa última visita, Bill tinha descoberto novos interesses encorajadores. Sua busca por atividades que fizessem sentido tinha sido frutífera e, diferentemente de alguns anos antes, ele agora sentia que tinha coisas com que se ocupar todo dia: "Eu tenho todos os tipos de coisas a fazer. Eu como bem. Eu ando muito. Eu estou no grupo de apoio toda semana, exceto quando viajamos. Eu amo o grupo. É divertido. É imperdível".

Bill e Kathleen tinham encontrado uma comunidade rica no grupo de apoio. Embora nós não facilitássemos uma reunião formal para membros da família, eles formaram seu próprio grupo de apoio enquanto seus entes queridos se encontravam. Apesar de seus severos problemas de linguagem, Bill era um membro ativo. Ele trazia com frequência recortes de jornal com notícias relacionadas ao Alzheimer ou perguntas que pedia a Kathleen para redigir, e seus gestos animados expressavam sua reação ao processo e discussão em grupo. Ocasionalmente, nós líamos o seu manuscrito e, ritualmente, uma coleção de poemas que ele tinha escrito a Kathleen ao longo de seu casamento. Os versos, então, serviram como um fechamento para cada sessão do grupo e um tributo à maestria das palavras que ele não poderia mais comandar. Apesar de sua profunda apreciação pelo grupo, eu me perguntava se Bill sentia quaisquer efeitos adversos de sua participação, e eu mencionei uma preocupação persistente de que poderia ser depressivo para pessoas com Alzheimer testemunhar os problemas e o declínio progressivo de outros na mesma condição.

"Não! Não! Quem disse isso?" O rosto de Bill contorceu-se em uma expressão de desconfiança irritada. "Eles têm grupos para câncer. Como alguém pode dizer isso?"

De fato, Bill tinha testemunhado um grande desafio nos últimos dois anos do grupo. Chuck, seu parceiro de tênis e colega do grupo, havia morrido de repente de um problema cardíaco congênito. Embora Bill e Kathleen estivessem na Inglaterra naquele momento, muitos dos membros do grupo e seus cônjuges estiveram no velório e choraram a perda do amigo querido. Outros membros mostraram sinais crescentes de incapacidade, e nenhum estava apto a dirigir. Bill tinha voluntariamente desistido de dirigir, mas não abria mão de suas solitárias caminhadas diárias na vizinhança. Ele sabia que seu desejo de manter alguma aparência de independência o colocava sob risco diante de um sintoma assustador do Alzheimer.

O rapaz do pôster

A Associação Nacional de Alzheimer estima que 60% das pessoas diagnosticadas perambulam ou se perdem em algum ponto do percurso da doença. Essas pessoas podem ficar desorientadas em lugares antes familiares, ou o comportamento pode ser mais persistente – uma inquietude que é motivada por mudanças no cérebro, sentimentos de ansiedade, conforto físico do movimento ou busca por um terreno familiar em um mundo crescentemente estranho.

Bill sabia que, embora fosse naquele momento capaz de se mover em sua bem conhecida rota de caminhada, sua doença poderia converter definitivamente, sem prévia advertência, o conhecido em desconhecido. Episódios de confusão podem ser extremamente assustadores para pessoas com Alzheimer, e Bill tinha ouvido relatos de membros do grupo de apoio que tinham ficado completamente desorientados quando estavam perto de casa.

Em resposta a essa preocupação, a Associação de Alzheimer criou o Safe Return (Retorno Seguro), um programa desenvolvido para localizar pessoas com Alzheimer e conduzi-las de volta com segurança. Esse programa atualmente tem parceria com o MedicAlert.* Um bracelete de identificação especializada liga a pessoa a uma rede nacional criada para ajudar a reenviar o indivíduo perdido à sua família e casa. Algumas pessoas

---

* Fundação norte-americana sem fins lucrativos que tem por missão oferecer assistência médica rápida e eficaz aos seus associados, por meio de serviços de localização e transporte de feridos ou doentes que estão sem a presença de alguém que possa ajudar, por exemplo. Atualmente a fundação tem centrais de atendimento espalhadas por outros países e vende braceletes de identificação e outros acessórios que garantam a segurança desses pacientes. [N.T.]

relutam em usar o bracelete por medo de serem estigmatizadas. Outros negam qualquer risco de se perder. Mas a interpretação de Bill do programa reflete uma adaptação mais positiva. Ele reconhecia que o bracelete era um guarda-costas para seu precioso sentido de independência. Ele estava animado por acatar as exigências quando, na sede de San Diego, pediram-lhe para ser o "garoto do pôster" para o programa. O pôster mostrava o seu sorriso caloroso e sua mensagem ao público:

Gosto de fazer longas caminhadas e Kathleen sempre se preocupou com a possibilidade de que eu me perdesse. Agora nós dois temos sossego mental. Isso também me dá mais confiança quando eu viajo. Ela sempre pode me achar.

Ajustes e adaptações

Conforme ilustra a participação de Bill no programa Retorno Seguro, ele e Kathleen confrontaram cada perda estrategicamente. Desde nossa última entrevista, Bill abandonou sua expectativa exasperada de ler e então aderiu aos livros gravados. Originalmente produzidos para os cegos, esse programa lhe fornecia um tocador de fitas especialmente equipado e acessos a uma biblioteca com um enorme acervo de literatura gravada para os ouvintes. A perda de memória de Bill tornou difícil o acompanhamento do fio da história de um romance longo e complexo. Em vez disso, ele adquiria poesia, jornais de notícias semanais e contos. Ele estava feliz com o programa, porque lhe permitia exercitar sua curiosidade intelectual e contornar mais um obstáculo apresentado pelo Alzheimer: "Você apenas se senta e tudo vem até você. Eu não tenho que ouvir tudo, mas quando eu quero focar algo, posso fazê-lo. No geral, estou me adaptando bem".

***

Nesses anos, desde a primeira avaliação de Bill no nosso centro de pesquisas, nossas interações favoreceram um tipo extraordinário de diálogo: nossa comunicação se desenvolveu enquanto sua capacidade de expressar linguagem verbal ou escrita declinou simultânea e dramaticamente. Ao longo de nossas interações, cresceu incrivelmente minha sensibilidade para com o modo pelo qual a vida de Bill e seu método de sobrevivência com Alzheimer transmitiam muitas mensagens importantes. Eu refleti sobre como precisamos de poucas palavras para expressar o essencial.

Normalmente organizamos nossa vida por meio de uma sucessão de eventos – uma linha do tempo de experiências que se constroem umas sobre as outras e criam uma sequência lógica para nossa vida. Acontecimentos se tornam narrativas detalhadas, e nossa história de vida se desenrola. Nós refletimos sobre o passado; planejamos o futuro e com ele temos esperança. Mas, para Bill, o passado é vago e o futuro incerto. Um relacionamento com ele pode exigir bastante, mas também pode ser profundamente inspirador. Como um mestre Zen, ele dirige minha atenção consciente para cada momento presente e renova minha apreciação das dimensões imprevisíveis e espontâneas da vida. Apesar dos significativos instantes de desespero, ele permanece curioso sobre a vida e sobre as descobertas disponíveis a cada dia. Ele se deleita nas oferendas do mundo natural e, defendendo a ideia de um grupo de apoio, ele tem sido um instrumento na criação de novas oportunidades para manter as conexões com o mundo social.

Assim como o texto do seu manuscrito fortalece este capítulo, as contribuições de Bill para o texto de minha própria vida são consideráveis. Nenhum de nós realmente escreve sua história de vida sozinho. Por convite ou intrusão, outras influências ditam algo do *script*. Em compensação, nós respondemos, editamos, inventamos. Por meio de minhas interações com Bill, trechos de minha própria narrativa de vida estão afetados por sua influência. Ele não é simplesmente um personagem em seções de minha autobiografia; ele é um coautor. Eu sou um pouco diferente por conhecê-lo.

Certamente, neste espaço e tempo, apresentados um ao outro pelo Alzheimer, Bill e eu estamos impelidos a colaborar em um trabalho em andamento. Até onde eu sei, seus sintomas vão progredir. Mas também é verdade que nossa compreensão do Alzheimer vai avançar e nos levar a novos tratamentos e intervenções. Bill vai desejar participar desses desenvolvimentos e contribuir do modo como for capaz. Roubado de sua

74 Papirus Editora

linguagem escrita e verbal, mas ainda lutando para se expressar, ele agora se comunica por meio de suas ações: advogando pelo Retorno Seguro, salvando a vida de um caramujo, contribuindo para a pesquisa, consolando um amigo no grupo de apoio. Com palavras limitadas, a voz de Bill perdura.

J ean

*Eu tenho quase 71 anos e não estou espantada
que as pessoas morram. A questão não é a morte.
É a perda de si mesmo enquanto você ainda vive.*

Meu primeiro contato com Jean foi por telefone. Ela foi encaminhada por seu psicólogo, que sentiu que ela poderia se beneficiar com o grupo de apoio para o Alzheimer que eu estava desenvolvendo como resultado da sugestão de Bill. Viúva havia menos de um ano, Jean estava vivenciando o duplo golpe da morte de seu marido de 47 anos e da descoberta, por meio de um exame geral para perda de memória, de que ela estava nas fases iniciais do Alzheimer. Sua nova condição de solitária que lhe foi imposta tinha recentemente convergido com o início da perda de memória em um episódio assustador, quando ela se perdeu enquanto estava cumprindo seus afazeres sozinha fora de casa. Embora a ideia do grupo de apoio a atraísse, a logística de chegar até lá era sentida como impossivelmente complexa e amedrontadora.

Eu sugeri que ela tomasse um táxi para nosso primeiro encontro coletivo. Percebi um tom divertido, ainda que resignado, na resposta de Jean, que indicava que ela conhecia muito bem essa parte da conversa: "Agora tudo isso parece bom – bastante razoável", ela começou, "mas assim que o momento está mais e mais perto, eu vou gelando. E se o motorista não souber aonde ir? Eu não vou conhecê-lo. Ele pode fazer com que nos percamos".

Eu tive de reconhecer a verdade na previsão de Jean. Ainda que fosse improvável que o motorista se perdesse no trajeto tão definido até

Alzheimer 77

nosso prédio, era assustador confiar a si mesma a um estranho. A vida demanda um grau de confiança tácita em nós mesmos e nos outros para funcionar no dia a dia. Felizmente, adquirimos a competência necessária para interagir com outros e responder a circunstâncias imprevisíveis. Mas, para Jean, essa confiança, tão fundamental na vida, estava claramente se desmanchando.

Logo no começo de nossa conversa, algo na voz de Jean despertou minha atenção. Ela parecia falar internamente e externamente ao mesmo tempo. Seu mundo interior era revelado por palavras extremamente reflexivas pronunciadas para o exterior. Era uma dimensão de Jean que eu iria conhecer em maior profundidade: ela experienciava sua vida com todos os seus sentimentos, pensamentos e comportamentos, enquanto também mantinha uma capacidade de observá-los. Jean estava tanto no palco quanto na plateia – atuando em seu próprio roteiro de vida enquanto assistia a outras forças tomando um papel cada vez mais dominante na direção.

Rapidamente tomei consciência dos meus sentimentos protetores com relação a ela, uma tentação de me tornar a diretora. Mas o impulso era temperado pelo meu respeito por suas ideias. Sua ansiedade era palpável, não por meio de uma expressão exterior exagerada, mas pela maneira fascinante pela qual ela descrevia sua imobilização interna. Seu medo de consequências não manejáveis resultou em episódios dolorosos de inércia, e essa característica congeladora é que era paradoxal. Parecia contraditório que sua mente brilhante e perceptiva devesse lhe falar de um modo que produzia tanta paralisia.

"Sua voz é tão tranquilizante", Jean disse-me naquela primeira conversa. Estranhamente, até mesmo em seu estado ansioso e incerto ela exercia sobre mim também um efeito tranquilizador. Mais do que lutar contra o obstáculo desafiador do transporte, eu abandonei a vontade de remediar seu dilema. Jean estava me convidando para entrar em sua vida com cautela e com gratidão. Qualquer outra persuasão de minha parte poderia ter desrespeitado sua vulnerabilidade e aumentado seu isolamento. Em vez de pedir que ela encontrasse seu caminho para as reuniões do nosso grupo de apoio, eu me convidei para ir à sua casa. Jean estava visivelmente aliviada. Marcamos uma data e ela me deu as coordenadas.

No dia agendado, cheguei à sua porta com 15 minutos de atraso. Mesmo sem ter tido problemas para achar o seu complexo de condomínios, localizar-me no labirinto de caminhos para a unidade em que morava se mostrou desencorajador. Cada caminho parecia enrolar-se sobre si mesmo, e a sequência de endereços era desnorteante. Foi pura sorte quando topei com o conjunto de condomínios em que se localizava sua residência. O complexo de casas desnorteou o meu sentido de direção, e eu senti uma empatia irônica pela desorientação comum a pessoas com Alzheimer.

– Eu me perdi – anunciei assim que Jean abriu a porta.

Parecendo ao mesmo tempo preocupada e bem-humorada, ela riu ironicamente.

– Bem, nós temos algo em comum.

Os cabelos longos, lisos e brancos de Jean estavam amarrados para trás em um rabo de cavalo e sua fisionomia transmitia uma radiação leve e suave, que parecia contrária a qualquer histórico de ansiedade. Uma vez lá dentro, sua casa revelava sua busca psicológica e artística. No ambiente banal de seu condomínio, ela e seu último marido tinham estabelecido uma pequena reserva de identidade. Tênues nas cores, os trabalhos artísticos e as pequenas esculturas étnicas que preenchiam o cômodo tinham uma qualidade esparsa, porém, vital. Era como se cada peça adquirida ao longo dos anos pudesse contar a história de um tempo ou de uma experiência particular em sua vida juntos. Mais tarde, eu soube que a própria Jean era uma artista. Ela também amava *blues*.

Jean nos preparou chá, e nos sentamos em sua mesa de jantar. Eu senti o alívio imediato de duas pessoas que estavam em casa diante da viagem de exploração da boa conversa. Havia pouco para vasculhar até chegar ao cerne da vida e, quando eu fiz minhas perguntas iniciais, Jean entrou em uma dimensão reflexiva, por meio da qual, ao mesmo tempo, experimentava e analisava seu mundo – um mundo em fluxo desde a intromissão do Alzheimer.

O início

Eu acho que vivi vaivéns de perda de memória durante anos. Eu pensava: "Bem, tenho quase 70 anos". Não era algo que me alarmasse, e a maioria das coisas de que eu me esquecia não eram realmente tão importantes. Se eu de fato precisasse daquela informação, seria capaz de seguir sua pista. Foi quando as palavras começaram a escapar – quando eu não conseguia mais terminar uma frase, pois tinha perdido a parte principal. Quando estou tentando expressar algo a alguém e eu percorro um terço do caminho sem poder encontrar uma palavra vital, é muito chato!

A memória é uma perda bastante dolorosa, já que você sabe que tem algo lá sobre qualquer assunto e não consegue chegar àquilo. É embaraçoso quando eu quero dizer "oceano" e não posso pensar na palavra. Isso depende de quão confortável eu estou diante da pessoa com quem estou falando. Daí posso perguntar: "O que é aquela coisa grande de água?", e eles vão adivinhar: "O oceano?". Então eu vou dizer: "É, isso", e poderei prosseguir com minha história. Há o problema da segurança. Se estou em um grupo de mulheres com quem estou confortável, não estou tão sujeita a ter um problema. Mas, se for alguém que eu não conheça, daí sinto como se praticamente tivesse medo dessa pessoa. Com estranhos, eles não sabem por que você não sabe o que está dizendo e eles ficam confusos e incomodados. Com pessoas com quem não estou familiarizada, é mais fácil acontecer. É estressante.

Frequentemente percebo ao telefone que eu não consigo lembrar meu endereço. Eu tenho um pequeno cartão na minha escrivaninha com meu nome, endereço e tudo mais. Porém, eles estragam tudo quando vêm com outra pergunta que não está prevista em minhas anotações! A lista se torna cada vez maior. Quanto mais atrapalhada eu fico, menos consigo me safar. Então, quando alguém me pergunta: "Bem, em que parte da rua você está?", estou simplesmente acabada! Eu não posso fazer mais nada por causa do estresse.

Nem sempre é terrivelmente doloroso. Só fico disposta a conversar com as pessoas como eu era no passado porque me esqueço de que isso pode acontecer. Já fui capaz de falar por tanto tempo que eu normalmente não pensava: "Oh, puxa, espero que eu consiga falar!". Não é como se eu estivesse na televisão. Agora, isso seria difícil. Mas, de vez em quando, há algo que eu realmente quero falar, e simplesmente recuo, pois não tenho o que é necessário para fazê-lo. É uma perda, realmente uma grande perda. Poderia ser algo bastante trivial ou poderia ser algo bastante significativo para aquilo sobre o que estamos falando, e é igualmente perturbador. É a perda da habilidade de expressar a si mesmo.

O início do Alzheimer é frequentemente marcado por mudanças tanto na memória recente quanto na fluência da linguagem. As pessoas comumente perdoam a perda de memória e a atribuem ao envelhecimento, ao estresse, à desorganização ou a incontáveis outras razões. Mas mudanças de linguagem podem ser difíceis de disfarçar de si mesmo ou dos outros. O distúrbio de linguagem de Jean era sutil e menos facilmente discernível do que a afasia muito mais pronunciada de Bill. Eu estava envolvida por sua habilidade de descrever experiências e sentimentos complexos. Como ouvinte, no entanto, eu não estava a par da concentração que lhe era necessária para falar. As pausas ou as buscas ocasionais por uma palavra podiam ter sido interpretadas como o processo pelo qual todos nós passamos quando tentamos formular o pensamento em linguagem, quando buscamos a palavra ou a frase descritiva correta. Entretanto, para Jean, não era uma questão de aprimorar seu discurso. A quebra de ritmo ocasional revelava um processo disruptivo que interrompia sua comunicação, em vez de embelezá-la.

A descrição de Jean de suas dificuldades de linguagem me tornou ciente das dimensões particulares do Alzheimer e do quanto uma pessoa pode viver coisas que nunca alcançam nossos ouvidos. Nós tendemos a responder aos resultados, e não a inquirir sobre os processos. Assim que Jean começou a discutir a avaliação médica de seus primeiros sintomas, novamente ficou claro que sua resposta ao diagnóstico foi acompanhada por um processo interno de associações que, sem uma investigação, teriam passado despercebidas.

O diagnóstico

Eu fui a vários médicos que tentaram descobrir o que estava errado comigo. Eu sequer sabia realmente qual era o problema, mas sabia que algo estava inadequado. Alguém finalmente disse que eles pensavam que isso poderia ser o início do Alzheimer. O diagnóstico foi bastante confuso. Eu me senti muitíssimo mal. Eu me lembrei de uma de minhas mais queridas amigas, que tive quando meus filhos eram pequenos. Uma vez, recebi um cartão dela dizendo: "Eu estou ficando louca". E pensei: "Ah, é Natal e ela deve estar correndo muito". Eu realmente não sabia o que ela queria dizer. Nós estávamos, então, de volta ao leste, e ela tinha se mudado para a Califórnia. Quando viemos aqui para morar, tive a oportunidade de ir vê-la. Uma amiga me disse que ela estava em uma clínica, com Alzheimer. Quando eu a vi, não estava preparada para o estrago que lhe havia sido causado. Ela me reconheceu, tentou falar comigo, e pronunciou algumas palavras. Estava bastante animada por eu estar lá. Eu chorei por três dias. Esse foi meu pensamento quando ouvi meu diagnóstico pela primeira vez. Essa era minha imagem do Alzheimer.

Minha maior preocupação é que eventualmente eu me torne incapaz de cuidar de mim mesma e esteja em uma clínica. Eu costumava trabalhar como secretária no Hospital Mount Sinai em Nova York, de forma que aprendi bastante sobre enfermeiras. Eu aprendi que algumas eram ótimas pessoas e outras eram péssimas. Se você não tem controle sobre si mesmo, é melhor ter uma doce e cuidadosa pessoa por perto. Mas esse não é o problema real. É que você não é mais você mesmo. Você não pode fazer as coisas que são importantes para você. E eu sei que isso acontece com todos os tipos de pessoas, não apenas aquelas com Alzheimer. Mas, quando penso na minha amiga Lois, penso sobre o modo como a conheci inicialmente e, então, como eu a vi no final. Entretanto, parte dela ainda era Lois.

Um diagnóstico de Alzheimer em seu estágio inicial frequentemente conduz as pessoas a produzirem imagens de estágios avançados da doença. Nossa sociedade e os meios de comunicação com frequência focam a devastação trágica do Alzheimer. Pergunte para a maioria das pessoas qual a primeira imagem de uma pessoa com Alzheimer, e você geralmente vai ouvir uma descrição de alguém severamente incapacitado em uma casa de repouso. Como estamos diagnosticando o Alzheimer mais cedo em sua progressão, há uma população crescente afetada apenas de modo intermediário pelos sintomas no momento do diagnóstico e que, de fato, pode ter vários anos pela frente de incapacidade relativamente moderada. Não surpreende que frequentemente encontremos negação como resposta ao diagnóstico. Pode ser difícil identificar sua própria imagem com a de uma pessoa com Alzheimer. Daí a experiência comum do "Não pode ser eu". Amigos e familiares não estão excluídos dessa resposta e ocasionalmente mantêm a negação, mesmo depois que a pessoa com Alzheimer tenha começado a aceitar o diagnóstico.

Alterações e mudanças

Enquanto encarava o seu diagnóstico, Jean começou a notar os modos pelos quais estava sendo afetada pelo Alzheimer. Algumas das mudanças geravam preocupações pequenas; outras eram significativas e indicavam alterações em seus sentimentos de segurança e independência.

Eu sei que há áreas que estão falhando, mas não sei assim de imediato quais são elas. Outro dia, estava indo levar algumas roupas à lavanderia e eu tinha de pegar as chaves para abrir a porta, pegar o sabão e toda a tralha que é preciso arrastar junto. Achei muito difícil pegar tudo aquilo. Mas isso não significou nada naquele dia. Ninguém estava esperando por mim, e realmente não importava se eu levasse outros 20 minutos para reunir todos os itens. Eu não estava funcionando bem naquele dia específico, e não podia sequer fazer as coisas simples. Eu reconheci isso, aceitei e pensei: "Bem, apenas prossiga, até você reunir tudo e então você irá e lavará a roupa". Não era uma vergonha, já que ninguém mais estava envolvido.

Há algumas coisas assustadoras, como não me lembrar do meu nome. Eu me lembro da primeira vez que isso aconteceu: estava no banco e tinha de dizer meu nome. Eu sempre pensei que tivesse tido problemas suficientes para dizer qual era o nome de minha mãe! Mas eu não conseguia me lembrar do meu próprio nome, e disse: "Ah, não importa. Eu voltarei". Isso foi realmente difícil. Foi como se algo me atingisse fortemente. Eu já tinha indicado que iria fornecer esse material importante e, de repente, não iria mais. Portanto, trata-se de não ser capaz de atender às suas expectativas, ou mesmo às minhas. Eu certamente não sinto como se tivesse controle total. E, em alguns dias, sinto não ter nenhum!

Há uma característica imprevisível na vida com Alzheimer. As tarefas diárias da vida podem ser interrompidas na confrontação com a perda de memória, como uma interrupção repentina do controle. Às vezes, sabemos lidar com isso. Outras vezes, a escuridão é assustadora e nos faz lembrar do quanto nós dependemos de um circuito delicado e de um pronto acesso à nossa mente. Jean podia ser muito autoconfiante em ambientes familiares, mas, quando estava longe de casa, sua memória não era confiável. Isso resultou em um dos mais assustadores episódios que ela encarou em sua experiência com Alzheimer.

Eu não estava tendo problemas para encontrar lugares cerca de seis meses atrás. Entretanto, outro dia eu estava dirigindo em uma área familiar, mas fui mais longe do que normalmente vou. Havia prédios em ambos os lados, mas nada parecia estar aberto. Foi como um pesadelo. Então, eu fui e voltei, fui e voltei, e estava com medo de me distanciar mais, porque eu realmente não sabia onde estava. Finalmente vi uma porta entreaberta de uma casa, então perguntei pelas coordenadas. As mulheres que me ajudaram eram santas. Eram as mais doces e adoráveis mulheres. Eu nunca vou esquecê-las. Mas eu também nunca vou encontrá-las novamente. Elas nunca vão saber o quão grata sou. De fato, uma amiga se ofereceu para me ajudar a encontrá-las, mas eu não seria capaz. As mulheres cuidadosamente anotaram as coordenadas perfeitas para que eu voltasse para a estrada. Eu estava bem quando soube o que fazer na sequência. Mas o medo naquele momento era de estar perdida para sempre. Não havia meio de afastar o medo. Agora eu só posso dirigir em certas áreas com as quais estou realmente familiarizada, de forma que isso me limita enormemente. Saber dirigir significa que podemos ir e fazer o que queremos. Não que eu seja uma grande consumidora ou algo do gênero. Mas isso é uma perda. É tudo que eu posso dizer. Simplesmente uma perda.

Uma coisa que eu notei é esse recuo. Eu quero ir desesperadamente a algum lugar. Eu tenho de ir. E, então, começo a fugir e fugir. Há muitas coisas que são bem amedrontadoras. Se eu me esquivo daquilo que quero fazer, isso me ajuda, pois evito o medo de ter de chegar lá. Eu tenho medo de estar no carro e não saber aonde estou indo. É o medo de ficar presa. O medo é tão grande que não posso descrevê-lo. É como se eu estivesse salvando minha vida. Eu não vou a lugar algum quando isso acontece. Então, eu me machuco tentando me proteger.

Se uma amiga decide me levar para casa sem conhecer a região e me pergunta: "Então, pego a direita aqui?", eu rio: "Você acha que eu sei? Você deve estar brincando!". Mas, eventualmente, algo parece familiar. E, naquele momento, eu digo a mim mesma: "Jean, mesmo que você não saiba onde está, você não vai morrer por isso". Mas eu sempre sinto um pouco de vida sendo tirada quando tenho de recuar. Se juntar tudo isso, resta a você um caminho bem estreito a percorrer.

Embora ela se lembre de vários incidentes de medo e perda desde quando começou a viver com Alzheimer, Jean reconta com igual vivacidade aqueles episódios em que alguém demonstrou bondade – desenhando um mapa ou ouvindo-a –, instantes em que, por intermédio de palavras ou ações de alguém, o mundo momentaneamente se tornou mais seguro e menos estranho. Ouvindo-a, senti uma aguda consciência do impacto que nós podemos exercer uns sobre os outros como amigos, como família ou como completos estranhos. Todos nós temos memórias particulares, algumas dolorosas, algumas profundamente encorajadoras, que criam a cartografia da fundação de nosso relacionamento com outros. Algumas memórias sofrem desgaste com o tempo; algumas permanecem como pedras angulares que validam nossa realidade ou inspiram as lições que aproveitaremos para enfrentar uma dada circunstância. E novas memórias são construídas na vida cotidiana, em que, por meio de algum mistério neurológico, filtraremos muito e aparentemente reteremos tão pouco. O que resta é o que se torna real em nosso mundo. Com Alzheimer, o que resta pode variar de momento a momento. O que é real pode se tornar nebuloso.

E, nessa realidade em mutação, há um sentimento de perda tanto do controle quanto da independência. Jean vivenciou uma alteração não apenas em sua capacidade de circular pelas redondezas familiares da vizinhança, mas também no conhecimento do território tão frequentado de seu próprio eu. Jean padeceu uma assustadora perda de orientação rumo aos aspectos de sua identidade, a qual foi projetada para fora em um medo esmagador de se perder no mundo à sua volta. Ela reconheceu que, com o início do Alzheimer, ela se tornou muito menos autoconfiante. Enquanto conversávamos, tornou-se claro que, sem seu marido, Jean sentia-se sozinha e insegura quanto às pessoas de quem ela podia depender.

Confrontando a solidão

A morte de meu marido há um ano e meio foi um grande golpe em minha memória. Quando Harry estava aqui, boa parte do tempo em que eu tinha problemas ele podia me ajudar a superá-los e me trazer de volta aos trilhos. Ele era alguém com quem eu vivia de fato. Eu tive de me acostumar com a perda de alguém que me entendia. Ele completaria 49 anos, ou próximo disso.

Com frequência, imagino como Harry estaria respondendo a essa situação. Ele iria negar: "Você não tem Alzheimer". Em sua mente, eu nunca estava doente, nunca tinha um resfriado, de modo que isso nunca poderia acontecer. Não creio que a sua reação teria tido muito impacto sobre mim. Eu perceberia como ele estaria lidando com isso, o que não mudaria o modo como eu me sinto sobre o que está acontecendo comigo. Ele certamente nunca mencionava o Alzheimer. Acho que ele tinha medo de muitas coisas que aconteciam, incluindo a morte, e ele simplesmente não falaria sobre isso. Eu falo sobre isso. É algo em que nós todos pensamos de tempos em tempos.

Eu me sinto tremendamente solitária. Eu era bastante ativa no movimento feminista, e todas essas mulheres que conheço ainda estão trabalhando. Elas são muito mais jovens do que eu, e estão todas ocupadas. Então, eu não posso telefonar para elas a qualquer hora para irmos ao cinema. Simplesmente não é dessa forma. Mas eu estou em dois grupos de mulheres. Um deles vai ser hoje à noite e eu tenho que resolver como chegar lá. Eu comecei a participar de grupos de mulheres quando eu morava em Nova York. Isso foi antes do NOW (National Organization for Women) [Organização Nacional para Mulheres], e esse foi o movimento feminista radical. A consciência florescente era a questão, e nós simplesmente fomos com isso adiante e adiante. De forma que essas mulheres se tornaram minha família. A idade não significava nada. E nada significava nada, exceto nossa crença em nós mesmas. Então, eu defendia o florescer da consciência. Isso sempre foi algo que funcionava muito bem. Todo o sentimento era realmente de irmandade. Eu estou envolvida nos grupos com NOW por aí. Assim, de vez em quando, alguém vai vir até mim e vai dizer: "Oh, você se lembra de mim?". E eu pensarei: "Oh, meu Deus, ela estava em um daqueles grupos", e eu não tenho a menor ideia de quem ela é. Mas elas ainda lembram, 20 e poucos anos depois, o quão significativo era.

Eu lhes contei sobre a doença de Alzheimer. Elas são muito discretas. Elas não sabem o que dizer. Eu não sei o que dizer. Às vezes eu falo sobre isso, mas é o tipo do grupo em que não se diz umas às outras o que fazer, de modo que não é um inferno total com tudo o que elas poderiam falar. Mas elas parecem entristecidas e tocadas, e você simplesmente tem de engolir isso. Acho que elas entendem, pois estou lhes contando o motivo pelo qual é tão difícil e o impacto que isso tem. Portanto, elas sabem o que estou dizendo. Acho que nós tendemos a não responder nada de mais. Nós ouvimos. Eu não espero que elas respondam mais do que eu podia ter respondido dois anos atrás. Eu sei que elas se afligem com o fato de eu ter isso, mas não há nada a dizer. Você faz o que deve fazer. Então, eu não espero mais do que ter de fato uma oportunidade de dizer o que está acontecendo e de expressar como eu me sinto sobre isso.

Alzheimer 87

A mensagem de Jean me lembrou qual é a importância de ser ouvido. Enquanto ela falava de sua experiência nos grupos de conscientização, eu refleti sobre minhas próprias experiências similares com grupos feministas radicais na geração seguinte. Examinando corajosamente seus papéis e identidade como mulher, Jean participou de uma demolição das barreiras tradicionais que circunscreviam as mulheres em uma sociedade ocidental em transformação. A premissa feminista radical é de que "o pessoal é político". Ninguém pode ver os problemas pessoais como separados das influências do contexto social e político da sociedade dominante. Nossas experiências comuns nesses grupos nos ensinaram não apenas a falar de nossas preocupações pessoais, mas também a motivar a sociedade a entender e alterar seu impacto sobre os mesmos problemas.

Por meio do processo de nossa conversa, eu me tornei consciente de que uma dimensão dessa lição continua. Em sua avidez para falar sobre sua experiência de viver com Alzheimer, Jean continuava a desconstruir barreiras, aquelas dos sintomas, do silêncio e da incompreensão que podem nos afastar do verdadeiro entendimento da perspectiva de alguém. Se desejamos afetar positivamente a experiência pessoal daqueles que vivem com Alzheimer, devemos também nos dirigir a perspectivas médicas e sociais mais amplas: nossas políticas de saúde, nossos tratamentos médicos e financiamento de pesquisa, nossos cuidados com as famílias, nossas imagens das pessoas com Alzheimer. O pessoal se torna político.

Aceitando ajuda

A experiência de estar sozinha criou novos desafios para Jean. Ela vacilou, como muitos teriam feito, entre sua necessidade de assistência e seu desejo por independência. Como alguém cuja profissão está baseada no entendimento, na atenção e na expectativa de encontrar as necessidades humanas, eu ouvia atentamente assim que Jean se referiu de novo à sua necessidade de ser ouvida.

Há muita gente que ajuda no começo. Esse é o trabalho delas. Há pessoas que logo no início desse processo dizem a você que é preciso encontrar alguém que controle seu livro de contas. Eu ainda não estava nesse ponto. Parecia um grande insulto para mim quando diziam: "Não importa o que você pensa. Isso é o que eu acho que você deve fazer". Há muitas atitudes assim nessas pessoas bem-intencionadas. Eu lutei intensamente a cada simples passo no sentido de obter ajuda. Eu retrucava: "Não preciso disso. Não preciso disso ainda. Não quero isso agora", e assim por diante. E depois eventualmente eu pensava: "Preciso realmente disso agora", e assim fazia. Não sei em que ponto isso ocorreu. É algo mágico, eu suponho. Ontem isso estava fora de questão e hoje "Ah, aceite e pronto. Não vai machucá-la. Qual o problema?". Então, estou sempre feliz por ter procedido assim depois de tudo. Suponho que seja um processo lento. Com o caderno de contas, eu sabia quando estava na hora de desistir. Deixe outra pessoa fazer isso. Essa mulher charmosa fica ótima com meu livro de contas! Eu posso lidar com isso, mas exige muita imaginação para conseguir. Mas a decisão deve acontecer no momento certo, e as pessoas estavam insistindo logo no início, quando eu não sentia que devia fazer algo. Mas elas vão lhe procurar de novo e talvez funcione na próxima vez. Às vezes, não me sinto pronta. Eu entendo que isso precisa ser feito, mas ainda não cheguei lá. Acho que preciso esperar até não ser pressionada, pois, se for pressionada, então eu nunca vou ter certeza de que realmente quero fazer aquilo.

Eu entendo a postura de Jean. Quem se empolga com a oportunidade de ser orientado sobre como viver sua própria vida? Eu geralmente preciso de tempo para refletir sobre minhas circunstâncias, para pesar os efeitos de vários caminhos de ação. Conselhos são válidos quando solicitados. Mas, no final, eu quero ser o participante principal nas decisões que envolvem a minha vida. Ainda assim, também entendo bem as intenções das pessoas que insistiram cedo para que Jean buscasse ajuda. Uma perspectiva sensata indicava que ela estava demorando muito para examinar sua situação, e a intervenção era justificável. Há momentos nos quais as decisões que tomamos ou não sobre nossa vida pessoal têm um impacto prejudicial sobre nós mesmos e os outros.

Um valor fundamental na profissão de trabalho social é a "autodeterminação do paciente". Essa premissa considera que as pessoas têm o direito de fazer escolhas entre a aceitação ou a recusa de ajuda e que nós todos temos o direito de não escolher quando a condução de nossa vida nos é imposta. Tal valor deriva dos direitos constitucionais de privacidade e livre-arbítrio. A única exceção legal e profissional ocorre quando o comportamento de um indivíduo impõe um grave perigo a si mesmo ou a outros. Esse problema se complica quando as funções intelectuais estão em questão. Surgem as perguntas: O quão grave é a ameaça à sua própria segurança ou à de outros e o quanto essa pessoa compreende suas circunstâncias e as consequências de suas decisões? Se nenhum familiar está disponível para assumir responsabilidade, e alguém gravemente incapacitado recusa ajuda, juridicamente pode ser indicado um guardião ou tutor para tomar decisões em seu benefício.

Jean tem dois filhos, mas ambos moram na Costa Leste. Embora inicialmente na defensiva, ela eventualmente reconheceu sua necessidade de assistência e consentiu em ter a ajuda de uma agência de serviço social local para gerir suas finanças. O livro de contas é um desafio para pessoas com Alzheimer. Torna-se incrivelmente difícil memorizar e calcular números, pagar contas e fazer balanços. Geralmente é necessário atribuir essa tarefa a um terceiro. Porém, o modo de lidar com isso vai variar de pessoa para pessoa. Incorporar esse "momento mágico", quando Jean abriu mão de sua contabilidade, significou uma tomada de consciência de sua cambiante habilidade de gerir esse setor de sua vida. Ainda assim, ela era capaz de transformar o poder do livro de contas, algo que simbolizava sua autonomia e competência, em para uma tarefa tediosa e frustrante que outra pessoa podia fazer.

Eu admirava o espírito lutador de Jean. Ela era capaz de direcionar grande parte de sua raiva à própria doença e, desse modo, reduzir o risco de canalizar essa agressividade para suas relações com os outros. Embora as pessoas pudessem insultá-la quando se aproximavam, o maior insulto era a própria existência do Alzheimer.

Em busca de justiça

Não deveria existir no mundo algo como o Alzheimer! Eu nunca pensei: "Por que eu? Outra pessoa deveria ter a doença em meu lugar". Não acho que deveriam ser eles, em vez de mim. Não existe nenhuma regra que diga que isso não é certo para mim e é para ela. Não faz o menor sentido começar assim. E se existisse alguém que pudesse controlar essas coisas, então poderia fazer um trabalho melhor. Que trabalho desleixado! (*Jean dirigiu sua reprimenda aos céus*). Acho que eu provavelmente usei a atitude "não há nada que eu possa fazer". Não sei por que isso está acontecendo. Não parece ter nenhum sentido. Apenas acontece. Acontece tal como machuco meu joelho. Eu tampouco gosto disso. Mas não foi porque eu chutei o gato ou algo do tipo.

Uma amiga me deu um livro sobre uma mulher que estava escrevendo a respeito do Alzheimer e de quão gloriosamente e maravilhosamente ela estava lidando com sua doença. Eu detestei aquele livro. Eu não pensaria em me comportar como ela. Eu suponho que existam pessoas por aí lidando com isso brilhantemente. Mas eu não sou assim. Quero chorar e me lamentar e chutar! Não como uma donzela, devo admitir. Eu luto um pouco, mas geralmente eu me lamento. É quase sempre: "Droga! Isso é terrível! Não deveria estar acontecendo!". Depois, obviamente, outras palavras vêm. Existe uma voz boazinha em mim vindo o tempo todo, que diz: "Há muitas coisas que são terríveis, Jean. Muitas pessoas estão com doenças terríveis e têm dor física real". Você sabe, essa história toda. Então, eu penso: "Pare! Isso não tem nada a ver comigo. Eu tenho Alzheimer e não gosto disso!". Estou brava. Estou brava porque ninguém tem isso. Mas eu tenho aquela voz que diz "seja gentil e você vai se sentir melhor". Eu tenho quase 71 anos e não estou espantada que as pessoas morram. A questão não é a morte. É a perda de si mesmo enquanto você ainda vive. Também há outras formas de passar por esse processo. Há outros tipos de doenças nas quais você pode não ter controle sobre si mesmo, e eu também choraria se tivesse uma delas.

Houve momentos em minha conversa com Jean nos quais eu estava ciente de um paradoxo tocante. A nossa era uma relação nova. Durante nosso diálogo, eu estava aprendendo sobre Jean por meio da descrição de sua história, de seus sentimentos, pensamentos e comportamentos. Um "eu" estava se desdobrando e tomando forma. Eu não tinha nenhum histórico de quem ela era e não tinha nenhuma expectativa de quem ela supostamente devia ser. Apesar disso, em minha mente eu estava conhecendo-a ao mesmo tempo em que ela temia se tornar desconhecida a si própria. Como a maioria das pessoas, o sentido de identidade de Jean era influenciado por sua habilidade de fazer coisas que eram importantes para ela, e esse era o aspecto de seu autoconceito mais afetado por seus sintomas iniciais. Ela estava perdendo a habilidade de controlar sua fala, de encontrar seu caminho em território familiar, e de seguir todos os passos necessários para completar uma tarefa complexa.

Porém, como nós avaliamos a completa perda do eu? Mesmo quando severamente incapacitado, ninguém com Alzheimer é igual a outro. Eu fiz Jean se lembrar de sua amiga Lois na casa de repouso e como parte dela parecia a mesma. A identidade pessoal sofre mudanças profundas com a progressão dos sintomas, forçando pessoas com Alzheimer, suas famílias e seus amigos a continuamente ajustarem suas expectativas. Descompassos de pensamento frequentemente afetam a consciência da pessoa dessas muitas mudanças, e a percepção varia consideravelmente de pessoa para pessoa ao longo do curso da doença. Mas as mudanças dramáticas das características cognitivas, comportamentais, funcionais ou emocionais que previamente definiram o "eu" de alguém para si mesmo ou para outros não significam que esse "eu" não mais existe. Tanto os cuidadores quanto os pacientes com Alzheimer vão lamentar com razão os múltiplos assaltos da identidade pessoal – as formas pelas quais o Alzheimer rouba da pessoa aquilo que ela foi algum dia. Mas o que podemos entender de quem é ela agora? Cada um continua a expressar um "eu" – cada um sendo diferente de outro – por meio de suas diversas interações sociais, suas respostas aos seus ambientes e suas expressões verbais e não verbais únicas.

Uma mensagem aos outros

Jean monitorou a si mesma comportamental e emocionalmente. Ela buscou entender o Alzheimer, aprender a sobreviver com ele e ensinar outras pessoas no processo.

Meu conselho às pessoas com Alzheimer é não tê-lo! Mas se você tiver, aceite tanta ajuda quanto puder para aprender o que você pode fazer, como deve ser e o que não fazer. Simplesmente faça tanto quanto puder com que todas as possibilidades sejam claras como numa fotografia. Tente se preparar diante delas e diante do que você pode fazer, se puder. Digo aos outros para fazer isso, e não tenho certeza de que eu mesma posso fazer isso.

Aos familiares eu digo: "Não me trate como criança e não finja que não há nada". Até agora, eu não tive nenhum problema com familiares. Aos amigos eu digo: "Deixe-me falar disso às vezes. Estando furiosa ou triste, apenas ouça". Estou certa de que quase todo médico que visitei sabia que a doença de Alzheimer era parte daquilo, e eles não queriam lidar com isso. Estou muito brava com isso. Em alguns casos, eles diziam: "Bem, nunca se tem certeza sobre essas coisas". Eu posso entender que se deve ter cuidado em alguns casos, mas eles precisam dar ao paciente alguma ideia do que ele pode ter, em vez de protegerem a si mesmos. Você tem de continuar forçando até encontrar alguém que vai lhe dizer aquilo que você precisa saber. Tente encontrar alguém para lhe ajudar a pensar sobre isso. Nós não temos muitas pessoas em nossa vida que sabem do que estamos falando.

***

Um ano e meio depois, eu revisitei Jean em sua casa. Dessa vez eu a encontrei facilmente. A casa estava viva, com visitantes de Nova York – velhos amigos que vinham de férias e ficavam com Jean uma ou duas vezes ao ano. Eu me perguntei se minha visita seria inoportuna. Porém, avisados de nosso encontro, os amigos saíram por algumas horas, deixando-nos calmamente sentadas mais uma vez à mesa de jantar.

Foi impressionante como Jean pôde se concentrar tão rapidamente. Estímulos excessivos frequentemente exacerbam a memória e os problemas de confusão nas pessoas com Alzheimer. Mas, assim que os visitantes saíram, foi como se eles nunca tivessem estado lá. Assim que começamos nossa conversa, o momento imediato foi tudo o que existiu. Era difícil determinar se sua perda de memória recente tinha feito com que esquecesse o ruído que havia ali poucos momentos antes. Ou estava eu testemunhando novamente sua habilidade de acessar seus sentimentos e autoconsciência, vivendo no corre-corre, com a capacidade de dar um passo atrás para um recuo de observação?

Nós revimos os acontecimentos de sua vida ao longo do último ano e meio. Jean tinha se tornado um membro fundador do nosso grupo de apoio ao Alzheimer em nosso centro de pesquisas e, pela amizade com outro membro do grupo, ela conseguia transporte semanal para os encontros. Depois de uma experiência de incompatibilidade com uma colega de moradia, Jean estava novamente morando sozinha. Ela continuava a lutar contra sentimentos de solidão e medo, mas era ambivalente com respeito a tentar encontrar outra colega para viver com ela. Embora morar em uma casa de repouso tivesse sido certa vez o símbolo de um declínio assustador, Jean agora falava do sentimento de segurança e de comunhão que poderia acompanhar tal mudança.

Acho que morar sozinha justo agora é algo que está fora de questão. Eu quero interagir com as pessoas. Penso em me mudar, mas para onde? Será válida a mudança e eu estarei fazendo outra mudança que seja mais permanente? Meu filho e eu olhamos algumas instalações para idosos por aqui e alguns lugares mais ao leste, onde ele mora. Encontramos um lugar maravilhoso aqui e outro lá. Imagino que, quando a hora chegar, terei de tomar uma decisão. E isso vai ser feito caso algo aconteça, caso eu quebre o tornozelo ou algo do tipo. Então, vou saber que não posso cuidar de mim mesma.

Ainda que ela continuasse vivendo episódios de ansiedade considerável, Jean também tinha se adaptado aos seus sintomas.

A descrença e a raiva diante de suas perdas tinham se sedimentado em tolerância ressentida. A perda de memória lhe era familiar. Isso não mais lhe exigia atenção constante ou escrutínio. Mais do que temer, ela encontrou maneiras de contornar o problema – de evitar o confronto e os desafios indevidos. Jean modificou suas expectativas de vida para incluir um grau de imprevisibilidade e não estava mais alarmada com sua condição.

Eu costumava ficar mais chateada com isso. Eu não me esquecia das coisas. Mas, agora, às vezes acontece a conexão, às vezes não. Eu não fico extremamente triste com isso. Ou isso vai voltar em algum momento ou não é importante. Ou é importante, mas eu ainda não me lembro. O que quer que seja, eu vou pensar nisso novamente ou não. Nenhuma das possibilidades vai me matar.

Acho que, no início, eu estava meio amedrontada por todas as perdas. Acho que aprendi a ignorá-las. Digo a mim mesma: "Você não vai fazer isso. Assim como você nunca vai aprender a patinar no gelo, então, desista e pronto!". Mesmo que eu não queira fazer uma coisa porque estou assustada, isso também é importante. Muitas pessoas não se permitem ficar petrificadas por alguma coisa. Mas, no meu caso, eu penso: "Não faça isso – isso vai tornar tudo pior". Fico assustada por uma boa razão. Talvez não uma boa razão para outros, mas para mim sim. Quando eu era jovem, sempre temia não poder fazer o que os outros faziam. Mas nada disso agora é importante tanto quanto já foi um dia.

Com a passagem do tempo, Jean desistiu um pouco da luta. Mas o resultado não foi apatia ou indiferença. Em vez disso, ela parecia sentir que sua situação atual não mais exigia o protesto tão penetrante de nosso primeiro encontro. Como uma participante semanal do grupo de apoio, ela era atenta, mas muito quieta. Quando outros membros se voltavam a ela, as reações de Jean eram refletidas, diretas e frequentemente acompanhadas por um humor cândido. Embora ela não estivesse inclinada a pintar de cor-de-rosa seu retrato, seus comentários não admitiam autopiedade.

Não acho que eu reclamo de tudo agora. O grupo de apoio tem sido uma excelente experiência. Todos são ótimas pessoas. Estão tentando compartilhar. E ninguém reclama disso. Há um grande passo a ser dado. O que lamentar? Não posso apontar para algo e dizer que eu costumava tocar violão e agora não posso. Não é assim. Talvez no início – embora não possa ter certeza do que lembro – tudo isso fosse uma chateação. Se eu me lembrasse do número de telefone de alguém, mas não do endereço, ficaria realmente brava comigo mesma. Mas agora, se eu tiver algo que possa usar, usarei; se não, eu não terei aquilo! Acho que o que ensinei a mim mesma a fazer sem pensar a respeito é, se algo está ficando difícil, eu simplesmente deixo de lado e procuro o que me interessa. Acho que isso também tem um custo, porque tive de desistir de algumas coisas com as quais me importava. Mas isso não é tão ruim. A música continua tão maravilhosa para mim como antes. Acho que boa parte de mim continua a mesma.

***

Pouco depois de nossa segunda entrevista, Jean sofreu uma arritmia cardíaca enquanto almoçava com uma amiga. Ela perdeu a consciência e foi conduzida ao centro de emergência local, onde foi hospitalizada. Ela passou por uma cirurgia para o implante de um marca-passo e se recuperou bem do procedimento. Seu filho mais velho a visitou durante a hospitalização e se preocupou com a gama de decisões que precisavam ser tomadas. Jean decidiu que ela não queria mais viver sozinha. Mudou-se para um apartamento estilo *flat* em uma casa de repouso, onde todas as refeições lhe eram servidas, e as atividades programadas e o entretenimento nos campos reduziram seu isolamento. Porém, apesar do apoio de poucos amigos leais, Jean enfrentou aumento de ansiedade e depressão. Ela foi novamente hospitalizada, dessa vez para tratamento psiquiátrico. Depois de receber alta, ela se transferiu para uma casa de repouso menor.

Ainda que Jean tenha tido um papel ativo nessa tomada de decisão, a sua adaptação à nova residência tem sido confusa. Ela se sentia terrivelmente solitária tanto em seu condomínio quanto no apartamento, e a presença de outros nessa acomodação mais íntima aliviou um pouco a sua ansiedade. Ela ainda frequenta semanalmente o grupo de apoio ao

Alzheimer e recebeu uma boa dose de encorajamento dos membros do grupo em sua decisão de desistir do estilo de vida independente. Mesmo assim, o sentimento de solidão é persistente em Jean. Às vezes encontramos consolo na presença de outros, e, em certa medida, não viver só ajudou-a. Entretanto, Jean acha incrivelmente difícil acompanhar conversas em grupo e, por causa da perda de memória, muitas vezes não consegue se lembrar das interações ou visitas recentes com amigos. Assim, ela nem sempre experimenta o conforto sólido derivado dos momentos agradáveis com pessoas queridas.

Na medida do possível, eu sinto a solidão do mundo de Jean. O que se torna essencial na vida de muitas pessoas com Alzheimer é a constância nos relacionamentos – a habilidade para confiar em alguém que pode ajudar a trazer estrutura e segurança ao mundo. Um desejo contínuo de independência é confrontado pela dependência crescente e pela necessidade de segurança. Alguém pensa: "Eu serei minha própria pessoa". Mas quem eu estou me tornando? O que eu entendo sobre minha própria pessoa?

Idealmente sentimos uma conexão a um sentido de si mesmo que, em face das incertezas ou da ausência de outros, pode servir de apoio. Embora os pontos cegos psicológicos possam ser perturbadores, geralmente sentimos alguma segurança no conhecimento de nós mesmos ao longo do curso de nossa vida. Há uma certa constância na companhia de nossa identidade. Para Jean, é justamente esse sentido do eu que está passando por tal transformação. Para muitas pessoas com Alzheimer, o confronto com essa identidade em mutação é contido pela familiaridade de um companheiro ou parente, que lhes espelha de volta algo de seu próprio ser. Elas são tão conhecidas por esse cônjuge ou essa família que o sistema pode sustentar seu sentido de identidade. Está encarnada em outra pessoa a história íntima e coletiva de uma vida toda que, de algum modo, permanece, enquanto a própria tessitura do indivíduo com Alzheimer está sendo entrelaçada em padrões irreconhecíveis e desestruturados, ainda desdobrável, mas o padrão não está mais claro; a urdidura possui variações não familiares. Em vez de uma camiseta ajustada e confortável, a identidade fica com remendos de um tecido um tanto diferente ou estranho.

Nesses momentos, é a doçura o que mais desejamos. Nós esperamos que alguém seja gentil conosco quando encaramos a incerteza, alguém em quem podemos confiar. Torna-se essencial, para alguém que vive só, desenvolver uma comunidade de apoio, e Jean tem isso. Seus amigos dos vários grupos, seu psicólogo, sua família a longa distância, a equipe de sua instituição e eu nos preocupamos muitíssimo com ela. Ainda assim, desde a morte de seu marido, quem é sua âncora? Algo ou alguém lhe parece seguro? Como qualquer um em seu lugar, Jean sente profundamente essa perda de segurança.

Jean tem muitas potencialidades, algumas comumente não valorizadas em nossa sociedade. Ela admitiu sua necessidade de ser dependente de outros. Diante da vulnerabilidade, ela abriu uma porta para dentro de sua vida, de modo que pessoas antes estranhas puderam se tornar amigas e cuidadoras. Meu próprio relacionamento com Jean tem uma qualidade fluida: ela tem sido minha mentora, minha companheira, minha amiga, minha paciente. Essa fluidez dentro do relacionamento desafia os limites tradicionais e as definições de papéis. Então, essa é a lição. Jean sabe que significo algo para ela, porque ela tem sensações positivas em relação a mim. Conforme sua doença progride, sou cada vez menos definida em função de um papel ou uma identidade, e cada vez mais definida pelo emaranhado de pensamentos, sentimentos e experiências que ela associa a mim. Da mesma maneira, como continuo a conhecer Jean, eu também fico ciente de que ela é importante para mim. Porém, em decorrência dos efeitos do Alzheimer, ela não é uma identidade fixa específica em minha mente, mas sim uma pessoa valiosa e sempre em transformação, que me envolve em uma série progressiva de experiências, sentimentos e ideias.

Jean nos ensina um processo poderoso. Seu desejo de olhar diretamente para si mesma, enquanto a própria imagem refletida de volta sobre ela passa por transformação, testemunha sua determinação contínua em permanecer conectada a uma experiência do ser. Assim, tal como em qualquer crise, seja material, física ou psicológica, se nosso autoconceito é excessivamente rígido, nós permanecemos travados em uma postura resistente, incapazes de nos engajarmos completamente na vida tal como a conhecemos e incapazes de aprendermos nossos rumos e nos movermos adiante para uma nova paisagem. Jean gastou muitos anos de sua vida com autorreflexão, tentando entender seu mundo interior. Ainda que esse processo seja muito doloroso e assustador para ela às vezes, ele continua. Conforme o tempo passa, imagino Jean ainda na plateia e, simultaneamente, no palco, assistindo à sua própria vida de uma perspectiva que está se encurtando, enquanto continua a atuar nela. Nessa visão, ela se dirige rumo a um ponto onde cresce mais e mais dentro de uma perspectiva – o observador e o ator gradualmente misturados em uma consciência singular. E, nesse processo, sua flexibilidade, bem como a gentileza e a boa vontade dos outros, podem prevalecer.

B_{ob}

*Perder minha habilitação foi como alguém cortar
meu braço fora. Eu perdi algo que era parte de
mim mesmo.*

Eu encontrei Bob na primeira sessão de nosso grupo de apoio
ao Alzheimer. Ele foi indicado por membros da equipe do programa
Morning Out Club (A Manhã Fora do Clube), da Associação de Alzheimer,
que perceberam sua desesperança e acreditaram que o grupo poderia
oferecer um lugar para que ele arejasse seus sentimentos e frustrações.
Bob era um engenheiro mecânico aposentado e um marceneiro realizado.
Ele tinha muito orgulho de sua inventividade e de sua habilidade para
sobrepujar desafios. O Alzheimer desmoralizava terrivelmente seu senso
de competência, e ele estava deprimido. Apoio social é uma prescrição
bastante conhecida para depressão, e, incentivado por sua esposa, Erika,
ele era prático o suficiente para aceitar a prova. Mas essa era uma pílula
mais amarga de engolir.

Embora Bob frequentasse o grupo de apoio regularmente, ele
estava relutante no início para falar abertamente de seus sintomas. Suas
perguntas refletidas e sua fisionomia carregada tornaram evidente, no
entanto, que uma boa bagagem de comentários corria por sua mente. A
atenção ao detalhe, tão crítica para a profissão de Bob como engenheiro,
também permeou seu modo de falar; cada parte da informação conduzia
à próxima, em uma elaborada construção de história que parecia tanto
mecânica quanto metódica. Mesmo assim, Bob tinha uma profundidade

Alzheimer 101

de emoções que, quando acessada, poderia levar às lágrimas. Ele estava padecendo de enormes perdas.

Bob perseverava com o grupo de apoio, mas sua ambivalência persistia. "Sinto que sou tão amigável lá quanto antes", ele admitiu, "mas na maior parte de minha vida fui um solitário".

Bob foi criado no meio-oeste americano e se lembra de ler livros em solidão enquanto outras crianças brincavam em grupos. Embora amigável, ele demonstrava um sentimento de autoconfiança. Sua profissão serviu mais tarde para prover uma estrutura social, mas suas relações no trabalho eram baseadas em inventividade colaborativa, em vez de em conexões interpessoais. Aos 70 anos, depois de ser diagnosticado com Alzheimer, Bob foi repentina e relutantemente catapultado para dentro de novas relações sociais. Uma vez ao mês, os membros do grupo de apoio e seus cônjuges se socializavam e iam juntos a museus, concertos, festas comunitárias ou parques. Ainda que Bob participasse desses passeios, sua sagacidade taciturna transmitia sua relutância em ser incluído: "Eu gosto de todos no grupo", sublinhava para Erika, "eu apenas desejava nunca tê-los conhecido".

Eu reconheci a luta entre desespero e perseverança sob a declaração de Bob. Ele valorizava o grupo, mas desejava não ser um membro. Não queria ser relacionado a algo que estivesse conectado com a doença de Alzheimer. Eu percebi que, apesar de nossa aproximação positiva, havia momentos em que ele se sentia assim em relação a mim. Ao longo dos primeiros dois anos, nosso relacionamento sofreu desafios significativos enquanto confrontávamos as perdas impostas sobre sua vida. Porém, nos comunicávamos bem um com o outro, e a confiança emergiu de nosso cândido diálogo.

Bob tinha um senso de humor seco e travesso. Assim que nós dois nos sentamos em sua cozinha clara e ensolarada, lembrei-lhe de minhas razões para entrevistar pessoas com Alzheimer. "Você veio ao lugar errado", ele respondeu bruscamente. "Eu não tenho isso." A expressão impassível de Bob rendeu-se a uma erupção de risadas e seu rosto avermelhou-se inteiramente. Tanto quanto eu gostava de suas réplicas ligeiras e seus gracejos divertidos, em nosso momento de descontração, nós dois provavelmente desejávamos que eu tivesse batido na porta de outra pessoa.

O início

No começo, eu não percebi o que estava acontecendo. Erika notou que algo estava errado. Eu não sabia. Não é algo que vem e lhe acerta na cabeça de uma vez. É algo que vem e lhe pega pelas costas. É tão insidioso. Começou três ou quatro anos antes de eu perceber que havia um problema. Acho que eu ainda não tinha realmente ouvido sobre o Alzheimer. Não tinha nenhuma concepção do que era. Não sabia que alguém podia ter algo dessa natureza, e simplesmente pensei que aquilo não poderia acontecer comigo. Mas eu comecei a me fechar. Eu não queria sair de casa.

No período inicial, eu me esquecia das coisas. Erika me pedia para ir à loja e comprar algo. Eu me esquecia de comprar aquilo e pegava outra coisa. Eu fazia coisas que não estavam em sintonia com o que eu estava fazendo antes. Foi uma mudança completa em relação a como eu era antes. Quando eu estava trabalhando como engenheiro, eram necessários apenas um ou dois pequenos disparos e eu podia visualizar e projetar todos os tipos de coisas. Eu ajudei a desenvolver os foguetes propulsores que foram usados para a aterrissagem lunar. Essa é uma das coisas das quais eu me orgulho, mas eu não poderia fazer algo assim agora. Eu também fiz alguns trabalhos em Oakridge (onde a bomba atômica foi desenvolvida) e estou certo de que isso não me trouxe nada de bom. Só Deus sabe os tipos de produtos químicos aos quais eu estive exposto. Eu não consigo pensar em nenhuma outra razão pela qual eu poderia ter esse Alzheimer.

Um início gradual é um emblema do Alzheimer. Cientistas creem que mudanças no cérebro podem começar bem antes de sintomas externos aparecerem. Mas o problema inicial de memória de Bob foi também acompanhado por uma mudança de humor: sua altíssima disposição prévia começou a dar lugar a retiradas e descrenças. A depressão também pode causar problemas de memória e concentração e deve ser controlada ou tratada antes de atribuir os sintomas ao Alzheimer. Inicialmente foi prescrito a Bob um teste de antidepressivos, na esperança de que isso remediasse tanto seu humor quanto suas perdas cognitivas. Mas quando ambas as condições não responderam ao tratamento e sua memória continuou a piorar, o diagnóstico de Alzheimer foi mais certeiro.

Sintomas de depressão incluem sentimentos persistentes de tristeza, desesperança e desamparo; pensamentos suicidas; um sentido de culpa ou merecimento de punição; mudanças nos padrões de sono e alimentação; e um desinteresse geral por atividades antes apreciadas. Não é usual pessoas com Alzheimer terem uma depressão profunda caracterizada por um conjunto desses sintomas durante um longo período. Entretanto, assim como ocorreu com Bob, é comum terem um ou mais sintomas isolados de depressão intermitentemente ao longo do curso da doença. Episódios de desencorajamento são uma resposta compreensível a doenças sérias e podem flutuar assim que avançam os sintomas. Antidepressivos podem tratar esses sintomas e aliviar a angústia, permitindo assim às pessoas sobreviverem mais efetivamente.

Mas, sentimentos melancólicos nem sempre respondem à medicação, e antidepressivos não podem curar o Alzheimer. Assim que os sintomas de Alzheimer ficaram mais acentuados em Bob, ele continuou vivendo intervalos difíceis de desencorajamento e desesperança. Acostumado a ser um companheiro protetor e capaz, ele estava preocupado com os efeitos da doença sobre sua esposa.

Um fardo sobre os ombros

Pobre Erika, que tem de fazer tudo, dirigir, pensar e colocar as coisas em ordem. Em vez de eu fazer as coisas para ela, agora é ela que deve se virar e fazer tudo. Eu não posso fazer as coisas para ajudá-la como fazia anteriormente. Gostaria de poder fazer mais, de forma que o fardo não estivesse só sobre seus ombros. Ela deve estar sobrecarregada com todas as coisas que faz. Eu costumava aprontar o imposto de renda. Ela nunca tocava nisso, mas agora é ela quem cuida. Desde o Alzheimer, há muitas coisas que eu não posso fazer. Tento ajudar quando ela quer, mas não inicio muitas coisas. Eu pensarei no que fazer, mas então rodarei em círculos e me esquecerei disso, e depois começarei de novo e esquecerei de novo. A Erika me diz que eu deveria realmente sair e fazer isso ou aquilo. E eu faço. Eu esfrego o piso quando ela quer. Ou limpo o pátio. Tudo o que posso fazer é esperar ela me dizer que tipo de ajuda ela precisa.

Às vezes eu lhe causo momentos difíceis apenas por ser desagradável. Suponho que é porque eu gostaria de estar fazendo as coisas sozinho, em vez de ter alguém me dizendo para fazer isso ou aquilo. Agora eu sou um garoto. Tenho uma mamãe para tomar conta de mim. Não é um sentimento muito bom. Preferiria muito mais estar lá fora fazendo outra coisa. Não sei como é com os outros, mas essa é a maneira como acontece comigo.

A não ser que conversemos sobre algo por um tempo, eu voltarei e farei à Erika a mesma pergunta repetidamente. Eu não faço isso deliberadamente. É sempre assim a cada vez com uma nova ideia. E, então, eu percebo que aquilo não é novo e talvez nós tenhamos falado disso mais de uma vez. Ela é paciente. Ela não diz: "Bob, você sabe que já perguntou isso". Ela simplesmente me dá a resposta de novo. Talvez depois de três ou quatro vezes eu me lembre.

Minha amizade mais estreita é com Erika. Acho que nós estamos crescendo mais estreitamente juntos. Eu lhe dou trabalho, mas estou apenas provocando. Ela ignora. Suponho que eu esteja extravasando certa raiva e frustração. Ela é extremamente boa para me aguentar. Eu jamais pensaria em fazer algo que lhe fosse realmente nocivo. Eu tenho sorte de tê-la. Não há muitas Erikas.

Bob sentiu-se em conflito diante dos papéis em transformação em seu relacionamento com Erika. Enquanto ele a apreciava profundamente, seu ressentimento em relação ao Alzheimer ocasionalmente desembocou em episódios de obstinada rebeldia em resposta às sugestões ou demandas da esposa. Ele não tinha um temperamento expansivo; ao contrário, ele era propenso à introspecção. A vida de Erika estava principalmente focada em torno das necessidades de Bob, mas ele, às vezes, sentia como se sua própria vida estivesse circunscrita a Erika: só ela dirigia, tomava a maior parte das decisões sobre as atividades do casal e tomava conta dos negócios da casa. Ainda que ela tentasse incluir Bob em muitas das tomadas de decisão, ele sentia que pouco lhe sobrava para controlar, exceto seu protesto ocasional. Ele sabia que Erika era muito capaz, mas não queria que ela carregasse o fardo da responsabilidade por seu bem-estar, nem queria renunciar à sua autoconfiança de longa data. Assim, apesar dessa ambivalência, ele corajosamente admitiu suas limitações e foi destacadamente franco ao reconhecer sua incapacidade.

Admitindo o Alzheimer

Durante nossa conversa, o telefone tocou e Bob atendeu. O interlocutor estava vendendo os serviços de uma nova companhia telefônica.

– Eu não uso muito o telefone. – Com tato, Bob tentou encontrar uma saída para o diálogo. O vendedor resumiu a oferta com lábia, e desta vez Bob tentou uma abordagem diferente.

– Eu tenho doença de Alzheimer e não consigo acompanhar nada. Minha esposa cuida de tudo.

Ainda destemido, o vendedor continuou.

– Não, ela não está aqui – Bob respondeu.

Um novo interrogatório se seguiu.

– Ela voltará em algum momento nesta tarde.

Quando Bob voltou à mesa, ele estava sereno. Em vez de estar entediado, seu principal pensamento era tentar se lembrar da mensagem pelo tempo necessário para dá-la a Erika assim que chegasse. Ele não se importava em revelar seu diagnóstico ao vendedor, já que sentia que precisava de uma explicação para sua incapacidade.

Por que eu não deveria contar às pessoas sobre o Alzheimer? Por que esconder isso? Senão, eles vão pensar: "O que ele está fazendo?". Eu não contava no início. Até que o Alzheimer se tornou mais prevalecente, quando eu não mais podia fazer as coisas que tinha feito antes. O efeito da doença é basicamente que eu não posso fazer muito. Faço coisas mais vagarosamente agora, e é melhor ser esperto o suficiente para não tentar de modo algum fazer certas coisas, já que pode ser perigoso. O que quer que eu comece a fazer, eu estrago tudo, a menos que alguém esteja me assistindo o tempo todo. Se for algo que fiz anteriormente, consigo superar. Mas se for algo totalmente novo, isso leva tempo. Há algumas coisas que eu gostaria de fazer na marcenaria, mas só fico adiando e adiando. Não tenho a energia adicional para prosseguir e fazer coisas, e não quero cortar nenhum dedo e fazê-lo voar pelos ares!

Em outros momentos, sinto como se fizesse as coisas muito bem. Por exemplo, quando vou caminhar. Mas, claro, eu caí uma vez. Não sei por que eu não me apoiei primeiro com as mãos. Em vez disso, bati minha cabeça bem no meio-fio. Não tenho caminhado muito recentemente. Estou mais seguro em casa. Não vou cometer nenhum erro, e não tenho de sair apoiando-me no braço de Erika. Eu passo bastante tempo lendo em casa. Ainda consigo compreender o que estou lendo.

Embora Bob discutisse abertamente sua redução de habilidades, era evidente que o conjunto todo das circunstâncias parecia aviltante. O Alzheimer era um assalto ao orgulho duradouro de suas habilidades. Em vez de confrontar sua inabilidade para cumprir tarefas de um modo previamente planejado ou correr o risco de sofrer outro acidente, Bob retraiu-se e limitou sua atividade. Ainda que reconhecesse a tenacidade de Erika na busca por atividades para ele, Bob também sentia muita indignação com a perda de sua independência e autonomia. Em nenhuma outra esfera isso foi mais visível do que na perda de seus privilégios de motorista.

A perda da liberdade

A perda do meu carro foi uma grande mudança. Por alguma razão, eu ainda sinto como se devesse ser capaz de dirigir. Fui fazer o teste escrito e a jovem aparentemente me passou. Então fui chamado e um rapaz dirigiu por aí comigo. Eu falhei no teste. Não houve nenhuma explicação sobre o que perdi, fiz ou não fiz. Eu queria ver se isso acontecesse com ele.

Eu me perguntei se poderia apelar em outra parte da Califórnia para obter a permissão de motorista. Sinto que ainda posso dirigir tão bem quanto qualquer um. Eu tenho medo quando Erika está dirigindo. Preferiria estar atrás do volante. Erika é uma boa motorista, mas não tão boa quanto eu. Não bebo e nunca sofri um acidente. Nunca amassei os para-lamas ou risquei o carro.

Nós viajamos por muitos quilômetros recentemente e só Erika dirigiu. Antes, nós teríamos dirigido uma hora ou duas por vez; pararíamos, trocaríamos de posição e seguiríamos adiante. Mas dirigir sozinha lhe coloca uma grande pressão. Isso me deixou tenso também, porque fiquei com meus olhos abertos a cada minuto, vendo tudo que ela fazia. Eu ainda tenho um bom senso de direção. Acho que isso vem de quando estava no Boy Scouts (Grupo de Escoteiros); eu aprendi o norte, o sul, o leste e o oeste.

A complexa questão de dirigir frequentemente cria considerável estresse para as pessoas com Alzheimer e suas famílias. Muitos comparam dirigir com independência, liberdade e competência básica. Mas pesquisas indicam que os sintomas de perda de memória, a desorientação e as mudanças nas relações espaciais, comuns do Alzheimer, podem resultar em condutores que se perdem, que avaliam mal as distâncias, que esquecem regras básicas da estrada, que se tornam mais facilmente frustrados ou que têm reações mais lentas e incorretas quando tomam as múltiplas decisões velozes requeridas por uma direção segura.

Apesar desses fatos, é muito difícil para alguns reconhecer o impacto dos sintomas em seu desempenho na condução. Como o Alzheimer afeta as pessoas diferentemente, pode parecer relativamente seguro para algumas pessoas dirigir durante os estágios iniciais da doença, enquanto outras têm um padrão de sintomas que poderia colocá-las, assim como a terceiros, em perigo. É essencial que alguém com o diagnóstico de Alzheimer seja testado pelo departamento de veículos automotores para que sejam avaliados os efeitos dos sintomas sobre seu desempenho na direção. Em alguns estados, tal teste é obrigatório; em outros, é inteiramente voluntário. Já que a doença é progressiva, essas avaliações deveriam ser repetidas a cada seis meses. Mas, sem diretrizes consistentes, muitas famílias acham a questão de dirigir um debate exaustivo e acalorado.

Uma vez diagnosticadas, algumas pessoas eventualmente abandonam seu privilégio de dirigir de modo voluntário. Uma recomendação médica, o pedido de um membro da família, um acidente ou o próprio medo da pessoa diagnosticada de infligir algum dano são motivações suficientemente convincentes nessa decisão quase sempre dolorosa. Outras pessoas, no entanto, agarram-se tão firmemente ao volante e se recusam a destravar tal posição até que sejam forçadas pela lei, por intervenção familiar ou por ferimentos. Como disse Bob a respeito de seu privilégio roubado, suas memórias iluminaram as origens profundamente enraizadas de sua ligação com a direção.

Eu tinha oito ou nove anos quando dirigi pela primeira vez. O pai do meu camarada, que morava um pouco abaixo na viela, tinha um Oberlin. O veículo possuía vidro resinado e um termômetro circular na capota. Tinha dois assentos na frente e dois atrás. Esse era o meio por eles utilizado para ir à igreja aos domingos. Havia um posto de serviços a cerca de um quarteirão e meio da viela, onde o carro era deixado. Eu economizava dinheiro suficiente (cinco ou dez centavos) e comprava gasolina para dirigir o carro na viela e depois de volta à sua garagem. Uma vez, eu economizei o suficiente para comprar um galão de gasolina. Nós morávamos próximos ao limite da cidade, e eu dirigi o carro pela viela até o fim da rua. Fiz uma curva à esquerda e uma à direita, afastei-me da cidade e depois voltei. Desde quando eu era um menino descendo e subindo pela viela de carro, ensinei a mim mesmo que, se sofresse um acidente, não poderia dirigir novamente; portanto, deveria tomar cuidado. Nossos pais não sabiam disso! Eu me sentia o máximo. Era tanta liberdade!

Eu gostaria de me virar sozinho. Minha independência está sendo tirada de mim. Perder minha habilitação foi como alguém cortar meu braço fora. Eu perdi algo que era parte de mim mesmo. Essencialmente, perdi minha liberdade. Dirigir me dava a liberdade de estar no controle. Se isso acontecer com você, vai perceber como é estar privado de sua liberdade ao ter de esperar que alguém o leve daqui para ali.

De fato, como disse Bob, eu me lembrei de quando uma perna quebrada me afastou do banco do motorista. Eu me senti vulnerável e excluída do ritmo dominante da sociedade urbana à minha volta. Dependente de outros para o transporte, tive também um grau de privacidade e autonomia roubado – alguém sempre sabia aonde eu estava indo, porque alguém sempre me levava até lá. A perda da habilitação não apenas tornou Bob ainda mais dependente de Erika, como também o privou da satisfação tão central de sua memória da infância: a exuberante e, às vezes, travessa expressão de livre-arbítrio pode moldar tantas dimensões da identidade.

Bob se sentia castrado e punido por sua perda. Mas essa experiência de desmoralização não é específica de gênero. Tanto homens quanto mulheres podem padecer com a dependência imposta, com o medo de ser um fardo e com uma sensação de escolhas reduzidas sobre assuntos básicos de sua própria vida. Por meio de sua experiência no grupo de apoio e dos conselhos de Erika, Bob recebeu algum consolo de que não estava sendo descartado pela doença. Ainda assim, com tais golpes em seu autoconceito, era difícil não fazer do Alzheimer algo pessoal.

Creio que todos percebemos o que está acontecendo conosco. Nós realmente não amaldiçoamos e praguejamos: "Por que eu, por que eu?". Em geral, todos com os quais nos relacionamos agora sabem como é isso. A menos que nos sentemos e tentemos descobrir o que é diferente, você pensaria que não há nada de errado comigo. Algumas pessoas com a doença de Alzheimer fazem coisas que são meio selvagens, mas a maioria de nós não.

110 Papirus Editora

Eu costumava pensar: "Por que eu? Por que isso aconteceu comigo? O que eu fiz? Eu comi algo? Fiquei fora até muito tarde?". Mas alguém realmente sabe por que eu tenho isso? Recentemente eu não tenho colocado essas questões. Eu aceitei isso agora. Eu não gosto disso, mas aceitei. Minha esposa me ajudou a aceitar. Ela vai conversar comigo, e está aqui para mim.

Não se pode lutar fisicamente contra o Alzheimer. Você precisa reconhecer o que está acontecendo e ficar com outros que têm o mesmo problema. Auxiliar um ao outro tanto quanto possível. Eu espero que as pessoas que trabalham nesse campo sejam pacientes e aprendam a colocar todas as peças juntas. Nós precisamos seguir com a expectativa de que alguém vai aparecer com a cura para isso, mas eu duvido que alguém vai aparecer com alguma cura ainda durante minha existência. Seria ótimo voltar a ser um ser humano de novo. E seria maravilhoso ter meu carro de volta!

Depois de nossa entrevista e do almoço delicioso oferecido graciosamente por Erika, Bob sugeriu que passeássemos com o carro um pouco pela vizinhança, de modo que ele pudesse me mostrar suas rotas de caminhada e um pouco do cenário circundante. Eu fiquei feliz por ele ter proposto essa saída. Enquanto eu dirigiria, estava claro que Bob cuidaria das direções, e percebi a seriedade com a qual ele assumiu o comando. Eu também fiquei profundamente ciente da condição decrépita do meu carro, que necessitava com urgência de regulagem. A presença atenta de Bob agravava cada cuspida e guinada que o veículo fazia, e minha mente começou uma série de associações rápidas com as aulas de direção da adolescência.

– Vire à esquerda – proferiu Bob. – Vá até o sinal de PARE e depois suba o morro.

Meio que esperando que ele desse as notas pelo meu desempenho ao volante, ri sozinha apreciando o equilíbrio estabelecido por esse passeio agradável pela vizinhança. Embora eu tivesse guiado pelos caminhos durante nossa conversa de duas horas, nesses poucos momentos de passeio Bob efetivamente reposicionou-se atrás do volante.

Um ano depois, eu revisitei Bob e Erika em sua casa. O interior parecia ainda mais claro do que eu me lembrava. Sou sensível a ambientes, à posição de objetos e à presença de cor. Reparei que Erika tinha reposicionado alguns quadros. Grata por minha atenção, ela me mostrou o novo estofamento da sala de estar. Eu gostei de sua busca por conforto e inspiração, advindos do empenho criativo. Bob indicou orgulhosamente uma prateleira alta que expunha três gravuras de peixes que ela tinha criado em uma aula. Produzido por meio da pintura cuidadosa da carcaça de um peixe com tinta colorida, depois decalcada sobre um papel de arroz especial, o resultado final era incrivelmente belo. Era extraordinário que ela pudesse tornar adorável um peixe morto.

Embora eu não tivesse testemunhado uma mudança dramática na disposição de Bob ao longo dos últimos meses, eu o tinha observado se tornar mais sonolento no grupo de apoio e, geralmente, mais isolado. Ele estava experimentando um novo antidepressivo, e Erika achava que estava ajudando-o a ficar um pouco mais alerta. Assim como em nossa primeira visita, fiz Bob se lembrar do valor de suas contribuições e do propósito do meu eventual livro. Dessa vez, não houve negação amarga de sua doença. Em vez disso, sua resposta foi enfática: "Muitas pessoas não têm ideia de como é essa doença, não têm ideia do que passamos e das coisas que sentimos que estamos perdendo". Reconhecendo o ímpeto que estava atrás desse comentário, pedi que o elaborasse.

Minha linguagem tem desacelerado. Eu não capto a mensagem tão bem quanto costumava fazer. É como se alguém sempre estivesse me deixando para trás. Eu tenho de parar, pensar e torcer para conseguir as palavras certas. Mas a pior coisa de ser deixado para trás é não ser capaz de fazer as coisas que costumava fazer. Antigamente, eu era capaz de fazer quase tudo que queria. Agora, estou limitado. Todos os tipos de coisas têm sido tirados de mim. Essa é a frustração maior.

O tema das habilidades perdidas é familiar a muitos com Alzheimer. Em certa medida, é comum também à experiência de outras inabilidades. Mas a natureza progressiva do Alzheimer intensifica esse desafio. Muitas pessoas com a doença expressam um desejo de parar em determinado estágio (de ameno a moderado), assim possibilitando um tempo de acomodação a uma inabilidade específica (ou de compensação). A vida, então, poderia prosseguir com certa esperança de estabilidade. Mesmo sendo notável quão bem-sucedidas são muitas pessoas com Alzheimer e suas famílias em conduzir cada desafio ao longo do percurso, a natureza errática da doença frequentemente não permite um significativo período de consistência. Mais comumente, é exigido dos envolvidos o controle de um grau contínuo de imprevisibilidade na vida. Como Bob reiterou sua própria frustração com essas circunstâncias, ele novamente expressou sua preocupação e seu profundo apreço por Erika.

Erika é tão bondosa, mas leva muitos golpes, não físicos, mas por saber o que está acontecendo comigo, e por saber que ela não pode realmente fazer nada, mas apenas amenizar um pouco. Sei que seria difícil para mim se isso estivesse acontecendo com ela. Estamos casados há cinquenta e poucos anos.

Felizmente eu ainda sou carinhoso com Erika. Gostaria de poder ajudar a cuidar dela. Ela sempre é uma rocha. Ela é uma mulher brilhante. Graças a Deus ela é sensata, sem altos e baixos esquisitos. Sei que o que ela faz vai dar certo e vai ajudar a nós dois.

Assim como Bill estava impressionado com a estabilidade de pedra de Kathleen, Bob apreciava Erika por sua energia e força sólidas. Porém, como os companheiros cuidadores podem atestar, essa força, às vezes, se desgasta até expor uma condição cansada e frágil.

Embora Bob não pudesse obter facilmente uma trégua de sua própria condição, Erika percebeu muito sabiamente que alguém tinha de manter o reservatório de energia. Ela precisava de um descanso e planejou um final de semana em um hotel local para ficar sozinha e se regenerar. Tom, o único filho do casal, veio do Colorado para ficar com o pai. No grupo de apoio, Bob demonstrou preocupação com essa decisão. Ele estava incomodado por Erika estar sozinha pela cidade, especialmente à noite. Ele estava relutante em discutir qualquer sentimento de insegurança pessoal por estar separado de sua esposa, especialmente em virtude da companhia de seu filho. Mas, conforme o fim de semana se desenrolou, uma série alarmante de eventos colocou Bob em confronto com a natureza imprevisível de sua própria vulnerabilidade.

Nós buscamos Tom no aeroporto e depois levamos Erika ao hotel. No caminho para casa, Tom estava dirigindo. Mas, na verdade, eu não sabia ao certo quem era aquele rapaz que estava me conduzindo. Levei um tempo para entender. Nós ficamos conversando, mas não estava fazendo muito sentido para mim. Acho que eu estava olhando em uma única direção a maior parte do tempo, vendo a estrada. Mas, quando me virei para vê-lo, de repente percebi pelo perfil que era Tom. Percebi que eu estava viajando com meu filho e que ele estava fazendo um tremendo trabalho. Foi um susto tão grande, porque, por um tempo, eu sequer sabia quem ele era. Acho que lhe disse depois de chegarmos a casa que eu realmente não tinha reconhecido que ele era Tom. Eu queria esperar até chegarmos a casa, porque não queria chateá-lo enquanto ele dirigia. Eu não sabia qual seria sua reação. Ele estava bem calmo. Ele não deu muita importância. Não sei se isso acontece com outras pessoas com Alzheimer ou não.

Na manhã seguinte, quando ele e eu estávamos dando uma volta, tudo começou a se encaixar. Talvez o incidente todo tenha sido bom, porque reforçou o fato de eu ter um filho, não algo nebuloso, mas alguém que estava bem ali. Quando eu trabalhava no espaço aéreo, ficava muito no escritório, e havia períodos em que ficávamos separados. Felizmente tinha a chance de vê-lo com mais frequência agora. Isso seria legal.

Eu assegurei a Bob que a incapacidade de reconhecer um rosto significativo e profundamente familiar atinge mais frequentemente as pessoas com Alzheimer do que imaginamos. Ele balançou a cabeça e completou:

– E elas não querem admitir.

– Você deve ter razão – concordei.

Em seguida, lembrei-lhe de um episódio recente no grupo de apoio, quando Bill corajosamente compartilhou um episódio assustador de não reconhecimento do seu próprio rosto no espelho.

"Eu sou muito feio para esquecer meu rosto." Bob abriu um sorriso em sua réplica seca. (Ninguém o descreveria como um homem feio.)

Senti respeito e gratidão por Bill e Bob terem compartilhado suas experiências perturbadoras com o grupo. Geralmente ouvimos daqueles com Alzheimer e de seus familiares que o sinal de real devastação é quando não podem mais reconhecer seus entes queridos, quando não a si mesmos. Mesmo assim, esse sintoma, enquanto Bob e Bill ainda tinham habilidades remanescentes significativas, diluía o terror associado a esse trauma do Alzheimer. Embora espantados, os dois, assim como os outros membros do grupo, perceberam que poderiam sobreviver a um de seus piores medos.

A incapacidade de reconhecer rostos é conhecida pelos neurocientistas como "prosopagnosia". Considerada rara nos estágios iniciais do Alzheimer, essa condição é mais prevalecente quando os sintomas avançam. Para Bob, depois de certo tempo e algumas pistas (a conversa e os diferentes ângulos do rosto de seu filho), as peças se encaixaram para formar um padrão conhecido. Mas, até esse ponto, Bob estava sendo conduzido por um estranho. Ele negou ter ficado assustado, pois confiava que Erika o tinha deixado em boas mãos. Ao invés disso, o trauma ocorreu no momento em que reconheceu seu filho. Sua doença tinha temporariamente mascarado um membro da família como um estranho.

Ainda que Bob estivesse visivelmente calmo durante o processo todo, outras pessoas com Alzheimer acham essa situação terrivelmente assustadora e podem insistir com raiva que o cônjuge é um impostor ou que seus vizinhos de longa data são intrusos. Ou, diferentemente da condição de prosopagnosia pura, algumas pessoas podem reconhecer um rosto como familiar, mas confundir aquele rosto com o de outra pessoa, normalmente alguém de seu passado distante. Por isso, um marido se torna um pai, ou uma filha se torna uma irmã falecida há muito tempo. Dadas essas experiências incômodas, é exigida daqueles com Alzheimer uma dose extraordinária de confiança para entregar seus cuidados pessoais a uma fisionomia desconhecida. E uma profunda paciência e complacência é requerida daqueles dedicados a fornecer tais cuidados. Eu perguntei a Bob como se sentia tendo de lidar com essas demandas.

– Estou frustrado – disse. – O Alzheimer não é algo em que você pode mudar uma chave e dizer: "Ahá, eu consertei". Mas eu só posso conviver com ele, e espero que haja uma cura. Isso seria a melhor coisa.

***

Embora a engenharia de Bob tivesse ajudado a propulsar homens até a Lua, a mecânica do Alzheimer era intimidadora. Bob tinha estado por muito tempo acostumado a aplicar sua engenhosidade para obter realizações bem-sucedidas e satisfatórias. Aquela sensação de moleque, de travessura, aventura e maestria, tão viva em sua memória da infância de quando dirigia, tinha encontrado expressão na perseguição adulta de exploração e invenção mais sofisticadas. Porém, são geralmente os sustos (ou traumas) mais precoces de nossa história de vida que evocam nossos sentimentos mais profundos. Embora Bob seja bem racional ao renunciar ao controle de muitas responsabilidades e recreações valiosas, ele continua mais amargo e desmoralizado diante de sua perda dos privilégios de dirigir. Se ele pudesse pegar de volta algo tomado pelo Alzheimer, seria o volante de seu carro, e os sentimentos de liberdade, autonomia e destino pessoal por ele proporcionados.

É um desafio particular ser um "recluso com Alzheimer" autodeclarado. Ainda que algumas pessoas anteriormente reticentes se tornem mais gregárias e desinibidas com a doença, outras mais solitárias e independentes consideram intrusivos e aviltantes a redobrada exposição social dos repetidos exames médicos, os grupos estruturados de Alzheimer, especialmente as atividades programadas, e um cuidador sempre presente. Quando um sentimento precioso de privacidade é confrontado por uma necessidade crescente de proteção, o resultado pode ser uma carga enorme de resistência agravante para todos os envolvidos.

Dada sua disposição, é louvável que Bob tolere a sociedade do Alzheimer que lhe é imposta. Às vezes, profissionais e familiares automaticamente prescrevem o tratamento recomendável para o Alzheimer: apoio e estímulo social; supervisão aumentada; precauções de segurança (como o impedimento de dirigir) – sem atenção aos efeitos colaterais dessa prescrição sobre cada paciente singular. Obviamente nem todos vão obedecer a essas recomendações. Na melhor das circunstâncias, nós introduzimos uma intervenção por vez e esperamos por um período de acomodação antes de recomendar outra. Bob é estoico e coopera invejavelmente com a maioria das recomendações. Ele continua a participar do programa A Manhã Fora do Clube, do grupo de apoio e de vários eventos que Erika organiza. Ele verdadeiramente encontra alegria em viver. Mas ele ainda é propenso à desesperança e a episódios em que assume a postura "pobre de mim". Antidepressivos não remediaram essa predisposição. Eles ajudam no incômodo problema de sonolência e lhe permitem estar mais alerta e engajado no mundo.

Mais de três anos se passaram desde meu primeiro encontro com Bob no grupo de apoio. O Alzheimer tem lhe tirado a autonomia que costumava ter para se divertir e o faz confrontar as complexidades das relações humanas e da interdependência. Fui tocada pelo amor desse homem relativamente recluso por Erika e por sua preocupação genuína pelo bem-estar dos membros de seu grupo de convívio. Embora pareça indiferente às vezes, é evidente que ele se importa realmente. Não duvido, no entanto, que, se lhe fosse dada a escolha, Bob ansiaria pelo consolo de seu carro em vez da comunidade de seus amigos. Quando a liberdade de alguém se perde, ela não é facilmente substituída.

Booker

Eu estou à vontade, e sou uma daquelas pessoas
abençoadas nesse sentido.

Em uma pacata rua sem saída, cercada por secas colinas da região sul da Califórnia, roseiras floriam em um canteiro bem cuidado sob a janela da frente da residência de Booker. Após a morte repentina de sua esposa em 1993, Booker se mudou de Nova Jersey para a casa de sua filha, Brenda, e de seu genro, em San Diego. Foi então que Brenda percebeu mudanças no comportamento e nas habilidades gerais de seu pai. Sempre um homem de disposição amável, Booker tornou-se esquecido, frustrado e irritável. Embora algumas tensões da transição fossem compreensíveis, dadas a perda de sua esposa e a mudança dramática em sua condição de vida, a situação de Booker não melhorou com o passar do tempo. Brenda, confusa e cansada por causa das tendências progressivamente irracionais do pai, insistiu que ele passasse por uma avaliação completa de perda de memória em nosso Centro de Diagnóstico e de Tratamento da Doença de Alzheimer (UCSD). Aos 82 anos, ele foi diagnosticado com Alzheimer.

Booker esteve muito sereno durante sua avaliação. Quando perguntado sobre esse fato mais tarde, ele não tinha recordações específicas do processo, mas entendeu o resultado e pareceu aceitar o diagnóstico com uma dignidade reservada. Impressionado por sua compostura, o médico que o diagnosticou indicou-me Booker para uma entrevista. Depois de minha conversa inicial com Brenda pelo telefone,

Alzheimer 119

ela conseguiu o consentimento do pai, e nós agendamos uma visita em sua casa. Com a fonte de seus problemas esclarecida, e a prescrição de um antidepressivo para tentar aliviar sua ansiedade e irritabilidade, novos ritmos na manutenção da casa foram sendo gradualmente estabelecidos e a vida doméstica começou a se acalmar.

Brenda me saudou na porta de entrada. Enquanto Booker terminava seu café da manhã, eu me sentei silenciosamente na imaculada sala de estar para organizar meu material de entrevista. A casa deixava transparecer uma atenção ao detalhe, um gosto pela ordem que seria perturbada por minha bagunça, e eu tinha plena consciência disso. Mas não tive muito tempo para me preocupar, porque Booker logo apareceu vindo da cozinha. Enquanto Brenda nos apresentava, imediatamente reparei na postura elegante de seu pai. A estatura alta e esguia de Booker transmitia uma atitude de autorrespeito. Conforme repassávamos o propósito da entrevista, ele se atentava às informações, respondendo com formalidade, porém, simpatia: "Será uma honra cooperar com você".

A reverência sutil e o convite ao diálogo de Booker estabeleceram um ritual elegante para nossa conversa, um acordo segundo o qual ele me daria sua atenção e eu retribuiria com a minha. Eu pensei sobre a sociedade atormentada em que vivo: Com que frequência duas pessoas reservam um tempo para se dedicar a um diálogo longo e ininterrupto, para verdadeiramente se encontrar e vivenciar o privilégio dessa forma de interação essencialmente humana?

Nascido em 1914, Booker foi criado na zona rural de Virgínia. Ele foi ágil em lembrar que seu próprio pai havia sido libertado da escravidão aos nove anos e cresceu para se tornar um ministro da Igreja Batista e a influência principal em sua vida. Durante a Segunda Guerra Mundial, Booker trabalhou na Virgínia, na indústria de engenharia naval, com a construção de navios de guerra e porta-aviões de aço. Mais tarde, mudou-se para um subúrbio de Nova Jersey, onde trabalhou em uma fundição que fabricava máquinas de impressão. Lá, Booker e sua esposa criaram Brenda, a única filha. Seguindo os passos do pai, Booker se tornou um participante ativo da Igreja Batista, como diácono.

Conforme a história de vida de Booker se desdobrava, a cadência de sua narração me aquietou em um agradável arco de tempo. Não havia pressa nessa troca: o compasso evocava imagens de um banco de ferro pintado de branco em um parque, logo abaixo de um arvoredo bem sombreado, durante um dia vagaroso e úmido do sul. Havia histórias e lições para contar, não monólogos de fôlego interminável, mas breves contos com uma moral a ensinar. A mensagem de Booker era em parte biográfica, em parte filosófica e em parte um sermão. Sua risada satisfeita nos refrescava periodicamente como um grande copo delicioso de limonada, e, ao passo que eu me ajustava ao seu ritmo, usufruía do privilégio de encontrar um homem cujo percurso de vida provavelmente nunca teria convergido em direção ao meu, não fosse essa encruzilhada do Alzheimer.

Pouco depois de sua mudança para o oeste, Booker e sua filha visitaram Jerusalém, onde foram batizados no rio Jordão. Essa viagem figurava como protagonista em sua memória, assim que começamos nossa conversa. Depois que os álbuns de fotografias surgiram, comentei sobre a similaridade entre as paisagens áridas de San Diego e Jerusalém. Booker sorriu, sabiamente. Eu me senti grata por ele me recordar que as pessoas têm muitas dimensões. Como eu poderia inquirir sobre o Alzheimer sem entender o que era significativo para esse homem? O batismo foi uma experiência determinante para Booker. E, à medida que ouvia suas reflexões sobre viver com Alzheimer, parecia que ele tinha submergido o controle pessoal de seu diagnóstico e sua condição nas forças divinas em ação na sua vida.

Um mistério de vida

Essa doença é algo que tem de acontecer comigo e eu a aceito. O tempo traz essa doença e eu tenho seguido com minha vida até agora. Você chega a uma idade em que seu sistema muda. Somos seres humanos. Não somos divinos. O tempo nos cobra seu preço por tudo. Um pedaço de madeira vai mudar com o tempo. Mas é como um mistério. Essa doença é só algo que entra no ser e que você não consegue realmente entender. Como isso aconteceu? Mas Deus é minha base. Minha fé é sólida. Minha fé está dentro de mim e é eu mesmo.

Enquanto Booker falava, tive uma sensação consoladora de integração humana com o mundo natural. A vida tinha suas estações e seus ciclos, seus períodos de geração, transformação e degeneração. A doença de Booker era incompreensível em suas origens, embora ele aceitasse que a vida contém um universo de complicados mistérios que vão além da compreensão humana ou da razão. Ele não tinha recordações de nenhum incidente alarmante ou mudanças peculiares que indicassem o início de um processo de doença. Em vez disso, Booker aceitava, aos 82 anos, que, assim como as estações se sucedem durante um ano inteiro, mudanças são esperadas quando o círculo da vida está se movendo em direção à sua completude. A condição de Booker era uma resposta natural a uma mente e um corpo bem usados, que apenas se desgastaram com o tempo.

A idade prevalece como o maior fator de risco para o Alzheimer, e alguns pesquisadores argumentam que qualquer um que viva muito tempo eventualmente vai desenvolver sintomas. Porém, como a expectativa de vida de nossa população aumenta, há um número crescente de idosos alcançando sua décima década de vida e indo além, e que podem ter quantidades pequenas de placas e emaranhados em seus cérebros, ainda que não demonstrem evidência cognitiva ou comportamental de demência. Por isso, embora a doença pareça natural no paradigma do ciclo de vida de Booker, não é necessariamente um componente inevitável no envelhecimento de nossa sociedade.

Nas mãos de uma filha

Enquanto ouvia em minha mente a refutação lógica à perspectiva de Booker, identifiquei um estado de graça inerente à sua visão mais naturalista. Ele não deu as boas-vindas ao Alzheimer, nem o temeu. Sua rendição filosófica não resultou na perda de independência e controle. Ao contrário, ela o preencheu de conforto e contentamento. Mais do que em qualquer outra instância, isso estava aparente na discussão com sua filha.

Sou abençoado por ter uma filha maravilhosa. Ela é muito boa para mim. Ela cuida de mim. Eu a amo e ela me ama. Eu posso ficar mais à vontade em minhas reflexões, porque ela toma conta das coisas e sabe como fazer isso. Ela está alerta aos meus maiores interesses. Eu a mandei para a escola e à faculdade, e agora ela sabe como tomar conta de todas as minhas coisas. Eu dependo dela. Estou em suas mãos. Vivo minha fase bebê agora, digamos assim. Então, às vezes eu a chamo de "minha mãezinha". Sim, ela é minha mãezinha agora. (*Booker sorriu com satisfação.*) Eu tomo banho sozinho, mas às vezes ela me fala o que vestir naquele dia, e eu obedeço. Ela vê que estou vestido direitinho, verifica se minha gravata está do lado correto. Às vezes perco coisas, meu canivete talvez. Mas tenho meu próprio quarto. É onde guardo tudo. Minha filha cuida de meu esquecimento. Seu marido também é maravilhoso comigo. As pessoas sabem do meu problema e ficam alertas por mim.

Não há muito a fazer se você tem essa doença. Você tem de deixar alguém apoiá-lo. Minha doença ainda não me comprometeu tanto, mas, conforme avança, machuca mais. Quando você está saturado dela, os outros têm de conduzir você e fazer coisas por você, porque você não consegue pensar ou controlar sua situação. Eu ainda não tenho que dizer aos outros literalmente sobre meu diagnóstico. Mas eu posso ter que instruí-los vez ou outra para saber os procedimentos, caso algo aconteça comigo. Mas agora tenho minha filha. Ela é minha espinha dorsal. Ela é uma bênção tão grande para mim!

Brenda confirmou que, durante o casamento de Booker, enquanto ele era responsável pela renda da família, sua mãe, extremamente capacitada, estava encarregada de todos os afazeres relacionados à manutenção do lar e aos cuidados pessoais de seus moradores. Booker estava acostumado com essa dinâmica. Agora, com o falecimento de sua esposa, sua filha tinha se

Alzheimer 123

tornado a "mãezinha" da família, e ele, com gratidão, tinha se entregado em suas mãos. Isso não implicava que ele fosse incompetente ou não merecedor de dignidade e respeito. Antes, no ciclo completo da vida, a ordem natural era que a geração mais jovem retribuísse os cuidados aos mais velhos.

Porém, a ordem natural, às vezes, transforma-se em caos. Brenda se casou em 1992. Nove meses depois, seu pai foi morar com os recémcasados. Seis meses depois, próximo ao diagnóstico de Alzheimer de Booker, o marido de Brenda – um advogado matrimonial e familiar – necessitou de um transplante de rim. E, no ano seguinte, Brenda voltou à escola para estudar administração, enquanto trabalhava em tempo integral. Pressionada entre os cuidados de seu marido convalescente e de seu pai dependente, Brenda se tornou um membro exemplar do que os sociólogos denominaram "a geração-sanduíche". Mais comumente, filhos de meia-idade viram sanduíche entre seus filhos em crescimento e seus pais em envelhecimento; no caso de Brenda, ela tinha pessoas suficientes para cuidar, mesmo sem ter crianças suas. Felizmente, seu marido, que se recuperou da cirurgia e agora está aposentado, ajuda a tomar conta de Booker. "Nós estamos aguentando firmes", Brenda refletiu, com um leve sorriso. "É meio difícil, mas agora está melhor, desde que estamos lidando apenas com uma doença, e não duas. Quando eles diagnosticaram meu pai, achei que alguém tivesse me dado um soco no estômago. Mas depois, eu atravessei as etapas de aceitação muito rapidamente, porque precisávamos pensar no que fazer."

A Casa da Vizinhança

Uma dose extraordinária de organização é requerida de filhos crescidos que conciliam as demandas de suas próprias famílias, suas profissões, e um ou os dois pais dependentes. Brenda percebeu que, para que o lar caminhasse suavemente e as relações se mantivessem cooperativas, uma rotina precisava ser estabelecida. Ela inscreveu o pai em um programa organizado por um centro comunitário local para idosos com incapacidades cognitivas e físicas. Embora Booker resistisse no início, a persistência respeitosa, porém firme, de sua filha, prevaleceu, e ele se adaptou com êxito ao programa.

Eu não tenho que levantar cedo pela manhã, a menos que eu vá à Neighborhood House (Casa da Vizinhança). Eu coloco o despertador embaixo do meu travesseiro e ele me acorda no horário. Então, eu me apronto para me encontrar com os outros idosos do programa. Tenho que levantar, me barbear e me fazer apresentável, e fico pronto quando o ônibus vem me pegar. Nós nos divertimos na Casa da Vizinhança. Temos algumas aulas e pequenos programas lá, e temos a chance de nos expressar. Saímos para caminhadas e passeios. É um centro de idosos, e as pessoas são ativas. Eu sinto falta, quando não posso ir. Se eu me mantiver ativo, talvez a doença não progrida tão rápido. Se você está ativo, isso faz com que você trabalhe sua mente e não fique estagnado. Caso contrário, o tempo cobra seu preço, se você fica ocioso.

Ainda que Booker aceitasse sua condição, ele não era complacente. Frequentando a Casa da Vizinhança, ele sentia que estava fazendo algo produtivo e terapêutico, em vez de sucumbir passivamente ao Alzheimer. O centro de idosos também proporcionava uma experiência de pertencimento social, que é muito frequentemente reduzida, ou até ausente, na vida de alguém com a doença. As últimas décadas viram uma explosão de centros sociais com programação diária especialmente desenvolvida para adultos com desarranjos cognitivos. Esses programas servem ao duplo propósito de criar ambientes estimulantes e compassivos para os participantes e de também fornecer às famílias sobrecarregadas uma trégua das responsabilidades de cuidar de seu familiar querido.

Algumas pessoas com Alzheimer se recusam a frequentar centros sociais. As associações com a infância, evocadas pelo organograma de atividades, o desconforto de estar agrupado com outros que estão mais gravemente prejudicados, ou o medo da separação da referência familiar, de um parente ou cônjuge, podem ser obstáculos consideráveis. As confortáveis associações de Booker com um retorno cíclico a aspectos da infância lhe permitiam considerar o programa social como uma sala de aula, onde tinha a oportunidade de usar e, quem sabe, preservar suas habilidades. Ao invés de resistir à estrutura, ele relaxava na rotina. Ele geralmente parecia aliviado quando um terceiro assumia o comando.

Um toque de amor

Quanto mais Booker renunciava graciosamente ao controle sobre sua vida, ele também se preocupava com que sua corajosa confiança em terceiros não fosse violada por cuidados insensíveis e prejudiciais.

Se esqueço algo, quero que as pessoas sejam meigas comigo. Faça o que tem de fazer, mas todos apreciam um toque de amor, em vez de um toque de hostilidade. Hostilidade vai lhe deixar revoltado. Trate os outros como gostaria de ser tratado. Você não gostaria que eu ficasse batendo em você o tempo todo.

Às vezes, acontecem certas coisas de que não gosto, mas eu apenas tento deixá-las de lado. Qualquer coisa que não me agrade, eu tento deixar de lado. Em certa medida, você não pode simplesmente me tratar de qualquer jeito. Se eu tenho que extravasar, vou extravasar. Não venha correndo para cima de mim. Mas, com hostilidade, alguém sempre sai perdendo. Então, não estou botando para quebrar esses dias ou procurando muita encrenca. Às vezes olho os mais jovens por aí e eles pensam que sabem muita coisa. Eles são avançados. E olham para mim e pensam: "Esse velho não sabe nada". É isso que eu acho que eles têm na cabeça. Mas eu mesmo já trilhei esse caminho um dia. Sei que eles vão passar por uma etapa pela qual já passei.

Eu cresci sob os ensinamentos de meu pai. Ele era um pastor, e suas instruções ficaram comigo. Meu pai nunca gritou comigo. Ele era um homem brando, e me ensinou como me comportar. Esses valores que você recebe ficam com você, e você pode passá-los adiante para outros, se lhe deixarem.

Não me lembro de ter alguma vez batido em minha filha. Eu apenas conversava com ela. E esse contato a influenciou. Agora, ela é meiga comigo. Portanto, você tem que tomar cuidado com o modo com que educa seus filhos, porque eles estão lhe observando, e muito rapidamente eles pegam o jeito com que você lida com as coisas. Se você semeia maldade, colhe maldade. Você pode ser hostil com alguém e eles vão ter medo de você, ou você pode ser legal e amável com eles, e instruí-los. Desse modo, você estará plantando boas sementes.

Enquanto Booker tentava viver consigo mesmo pacificamente, ele também almejava ter contínuas relações harmoniosas com os outros. Durante nossa conversa, ele repetiu com frequência a história de sua infância e dos ensinamentos moderados e da disciplina de seu pai. A perda da memória recente de Booker tornava a história uma novidade para ele a cada vez que a recontava. E, a cada vez que escutava, eu ouvia mais profundamente as lições de vida essenciais ao seu bem-estar atual. Enquanto retornava à vulnerabilidade de sua juventude, ele esperava poder mais uma vez se encontrar com a sensibilidade paternal de seu pai. E, embora Booker fosse realmente afortunado por sua filha e seu genro carregarem essa tradição do cuidar com amor, outros idosos vulneráveis enfrentam circunstâncias muito mais difíceis.

O abuso dos mais velhos é um problema generalizado. A cada ano, são referidos às autoridades em números sempre crescentes casos de abuso sexual, emocional e físico, exploração financeira e negligência. Em decorrência do sigilo familiar, a incidência de abuso dos mais velhos é demasiadamente pouco denunciada. Embora não seja claro quantas dessas pessoas idosas têm Alzheimer, muitos estudos reportam um nível mais elevado de comportamento abusivo quando o Alzheimer entra na relação com os cuidadores familiares. Fatores que contribuem para o problema podem ser: depressão ou estresse do cuidador, comportamento disruptivo da pessoa diagnosticada, ou conflitos de relacionamento de longa data que reemergem ou pioram com os desafios da doença. Uma vez revelado, o comportamento abusivo pode ser remediado por meio de uma educação complementar do cuidador, de apoio emocional e de horários de folga, ou pela avaliação médica e pelo possível tratamento de comportamento persistentemente disruptivo em um paciente com Alzheimer. Às vezes, circunstâncias mais severas impõem remoção completa do cuidador e o amparo de um abrigo seguro para a pessoa que precisa de cuidados.

Eu percebi no lar de Booker muitos dos elementos que servem para salvaguardar contra abuso: o fato de Booker frequentar a Casa da Vizinhança dava a todos um tempo necessário de distanciamento entre si; cuidados médicos consistentes e meticulosos estavam disponíveis para avaliar e tratar dos sintomas disruptivos do Alzheimer; um duradouro relacionamento positivo entre Booker e sua filha tinha sido erguido sobre o respeito mútuo e o cuidado afável. Ainda assim, não deveríamos subestimar as imprevisíveis voltas e reviravoltas do Alzheimer, mesmo na melhor das circunstâncias. Não se trata de saber se o estresse existe, mas se procuramos e disponibilizamos ou não os meios para lidar com ele efetivamente.

Sensação de satisfação

Poucas mudanças ocorreram nos quatro meses entre minhas duas visitas a Booker. Uma sensação de estrutura estava estabelecida, a qual geralmente corresponde às necessidades da família. A previsibilidade reconfortante da rotina parecia suplantar as inconstâncias e os desafios do Alzheimer. Além disso, embora a perda de memória seja o denominador comum para todos com Alzheimer, a perda de memória recente de Booker é tão profunda que ele talvez não sofra a dolorosa autoconsciência vivenciada por alguns. Ele ainda pode ser teimoso ou irritável às vezes, mas, em outras, ele esquece que ele está esquecido. Talvez isso seja uma bênção. À medida que os momentos passam e os ciclos completam seus percursos, ele foca no que a vida oferece, encontra seu ritmo vagaroso e dispersa qualquer apreensão com a certeza de sua fé.

Não tenho nenhuma preocupação com o futuro. Estou satisfeito em meu coração, e em paz comigo mesmo. Eu estou à vontade, e sou uma daquelas pessoas abençoadas nesse sentido. Sou grato por isso. Sou um cristão e tento viver conforme O Livro. Estou mergulhado nele agora. Você não poderia me afastar dele. Se você tem uma base sólida, você pode ficar à vontade. Aceitar a vida como ela é. Aceitar o fato de que você não veio aqui para ficar, e, mais cedo ou mais tarde, você vai embora. "Assim, vocês também precisam estar preparados, porque o Filho do homem virá numa hora em que vocês menos esperam" (*Mateus 24: 44*). Eu estou pronto.

Se você está à vontade consigo mesmo, você pode ser um exemplo aos outros com quem tem contato. Eu tento tratar bem as pessoas. Não estou todo animado com essa doença. Estou grato por estar tão ativo quanto estou. Não tenho que usar bengala. Meus membros estão úteis, então me sinto abençoado.

Os médicos estão fazendo o melhor que podem por mim. Eles me deram poucos comprimidos para tomar, que supostamente vão ser bons para meu problema. Você tem que ter pesquisadores tentando entender essa doença. A eles eu digo: "Busquem, e encontrarão; batam, e a porta lhes será aberta" (*Lucas 11: 9*). Vocês todos são buscadores, então continuem buscando.

***

Embora Booker entendesse a seriedade do Alzheimer, ele sentia um pouco de medo. A base de suas crenças e a estrutura de sua família forneciam segurança e rotina. Mesmo que ainda demandasse respeito, ele aceitava sua necessidade de confiar nos outros e apreciava profundamente os esforços destes em ajudá-lo. Havia um momento de dar e um momento de receber.

Eu imaginava se Booker já tinha conhecido alguma outra pessoa com Alzheimer, porque memórias ou associações particulares influenciam frequentemente nossas respostas a várias circunstâncias da vida. Quando fiz a pergunta, ele ficou pensativo e, depois, contou-me uma história.

Na cidadezinha rural da região Sul onde passou sua juventude, havia uma mulher que era muito idosa. Seu nome era Katherine, mas todos a chamavam por Tia Kitty. E ela respondia. Tia Kitty andava com bengala, e poderia andar assim até fora da cidade, descendo pela longa estrada. Mas ela estava propensa ao esquecimento e à confusão e, às vezes, colocava-se em apuros.

Um dia, enquanto Booker descia a estrada em direção à sua caixa de correio, ele percebeu que Tia Kitty estava em perigo. Havia uma grande vala que ladeava a estrada, uma vala profunda, tão profunda quanto a altura de Booker. E, quando chovia, a vala se tornava um córrego. As pessoas costumavam chamá-la de canal. Tinha chovido um pouco, e havia água escorrendo pela vala, e lá estava Tia Kitty, parada sobre um monte de terra seca, bem no meio do canal. Agora, como ela tinha chegado lá, Booker não sabia. Mas Tia Kitty segurava até a morte em um arbusto sobre aquela terra seca com água correndo ao seu redor, e não se soltava. Booker viu que não poderia soltá-la e carregá-la de volta sozinho, então foi pedir ajuda. Ele arrebanhou mais dois amigos, e juntos lhe disseram para se soltar do arbusto e segurar neles. Eles fizeram um assento para ela com suas mãos e ela fechou seus braços em volta do pescoço dos garotos. Eles a trouxeram para a estrada, para a terra firme, onde ela pudesse andar. Ela ficou tão grata que disse que, se tivesse US$100,00, daria a Booker por conseguir ajuda. Então, Booker se sentiu abençoado por ter ajudado quando aquela senhora estava confusa e necessitada, e abençoado por receber sua gratidão.

Essa é a história sobre Alzheimer de que Booker se lembra até hoje, e diz que nunca vai esquecer. Conforme seus sintomas avançam, ele também pode repentinamente encontrar-se sozinho, confuso ou em um incidente assustador. Se isso acontecer, ele acredita que, assim como ele e seus amigos estavam lá por Tia Kitty, alguém vai estar lá por ele, para levantá-lo por sobre as águas ascendentes, até a segurança de um chão mais firme.

130 Papirus Editora

Betty

*Uma pessoa com a doença de Alzheimer é muitas
coisas mais do que só seu diagnóstico. Cada uma
é um ser humano completo.*

Antes de eu ter conhecido Betty, eu fui escolhida pelo seu marido,
Kurt. Eu tinha notificado a comunidade de San Diego, por meio da sede
local da Associação do Alzheimer, de meu interesse em coletar reflexões
orais ou escritas de indivíduos com Alzheimer. Kurt viu o recado e me
telefonou para investigar minhas intenções. Sua esposa, Betty, recém-
diagnosticada com Alzheimer, não tinha escrito sobre sua condição, mas
meu interesse por sua perspectiva o intrigava. Os dois eram assistentes
de serviço social aposentados. O projeto de coletar narrativas de pessoas
com Alzheimer atraiu o interesse de Kurt como um empenho humanista
valoroso.

Propus que eu entrevistasse Betty na casa deles como uma alternativa
à escrita de sua narrativa. Kurt discutiu a proposta com Betty e, alguns
dias depois, telefonou novamente sob seu consentimento. Um processo de
revisão delicado, porém proposital, estava a caminho, mais do que quando
se investigam potenciais futuros sogros. Tanto minha presença física em sua
casa quanto minha proposta de entrevista me colocariam dentro do domínio
pessoal do casal. Com a devida precaução, Kurt estava abrindo uma janela.
Até que eu encontrasse a aprovação de Betty, eu seria deixada de fora.

Kurt e Betty não moravam longe do meu bairro. Talvez, como
assistentes sociais, nós fomos moldados às comunidades urbanas de San

Alzheimer 131

Diego, onde as pessoas vivem em meio às complexidades e à criatividade da vida citadina. O bairro de Kurt e Betty tinha originalmente se estabelecido nos anos 1920 e 1930 para servir à comunidade próxima à Universidade Estadual de San Diego, onde ambos estudaram. Nas últimas décadas, as residências das famílias tradicionais tinham sido infiltradas por apartamentos e condomínios dispersos. Enquanto eu descia a rua e me distanciava em direção à serrania da paisagem montanhosa, as intrusões eram mais escassas, e traços da arquitetura histórica de estilo espanhol de San Diego resplandeciam. Quando cheguei à residência do casal, sua casa de estuque *vintage* – cercada por cactos, iucas e outras plantas nativas da região sul da Califórnia – falava de história, de estabilidade, da passagem do tempo graciosamente encapsulado em arquitetura.

Kurt e Betty me cumprimentaram na porta de entrada. O cabelo branco bem curtinho de Betty, seus óculos de aros grandes e seu rosto profundamente desenhado e moreno lhe davam um ar luminoso e intelectual. Embora Kurt tivesse sido dominador e protetor de Betty ao telefone, a partir do momento em que entrei na casa, foi Betty que se encarregou da visita. Eles eram um casal com uma longa parceria. Juntos transmitiam a sensação de equilíbrio, expressando uma história de apoio, desafio e compensação para ambos. Kurt e Betty – a mesma altura, idade e profissão – formavam um time. Fiquei imaginando quantos milhares de pessoas eles já tinham cumprimentado àquela porta ao longo dos anos. O ritual, embora bem conhecido por ambos, era fresco, sincero e questionador.

Enquanto passava pela porta da frente, eu entrava não apenas na casa deles, mas também em um ambiente que havia recepcionado muitos encontros coletivos profissionais e pessoais, muitas entrevistas, muitas oportunidades de explorar relações humanas com outras pessoas e com o mundo ao redor. Um sentimento de boas-vindas impregnava as vigas largas do forro antigo e a simples e confortável mobília da grande sala de estar. Mas nós não nos encontraríamos na sala de estar. Em vez disso, Betty me conduziu a um sereno quarto de hóspedes, onde fechou a porta e efetivamente trancou Kurt para fora dessa experiência pessoal. Ela se reclinou sobre uma cadeira, colocou seus pés sobre uma banqueta otomana e relaxou do mesmo modo em que na autoanálise. Sentei-me em frente, e nossa relação começou.

Enquanto Betty falava, eu, como tinha feito com Booker, ouvia a cadência de seu discurso. Ela olhava para cima e para longe, puxando pedaços de texto, memória e especulação para fora de sua mente, meditando e postulando, acessando e objetivando. Nós estávamos iniciando uma caminhada pelo museu de sua vida. Esse seria um compasso deliberado, considerável, com tempo para comentário e crítica ao longo do percurso.

O conteúdo da conversa é importante, mas, se eu não calibrar apropriadamente o ritmo, estarei menos apta a ser um acompanhamento em uma trilha musical particular de um indivíduo. Não é difícil reconhecer quando estou fora do ritmo. Sinto isso internamente, como se estivesse dançando valsa para um *jazz* de improvisação. Embora as boas-vindas calorosas de Betty comunicassem uma mulher de sensibilidade profunda, esse não era o ritmo de seu discurso inicial. Em vez disso, era seu modo analítico (ela própria como uma clínica intelectual) que nos guiava na entrevista. Era como se ela própria estivesse se tornando seu estudo de caso.

Betty cresceu em uma pequena cidade industrial da Pensilvânia. Seu pai, alcoólatra e abusivo, contribuiu pouco – se contribuiu – com a família, deixando a responsabilidade da sobrevivência para a sua mãe e para as crianças. Betty estava determinada a escapar desse fardo de impotência e pobreza. Na infância, ela trabalhou na loja "de cidade pequena" dos pais. Por conta de suas interações com clientes diversos, Betty aprendeu a observar pessoas, até se tornar uma avaliadora astuta do comportamento humano. Essas habilidades foram reveladas na profissão por ela escolhida e também serviram como base de sua auto-observação.

Primeiros sinais

Eu fiz 78 anos em novembro. Acho que foi apenas no último ano que eu percebi que tinha um problema de memória. Como assistente social, lidei com pessoas que tinham problemas de memória, então agora é questão de ser honesta sobre mim mesma.

Eu nunca fui boa para memorizar. Sempre soube disso e isso não me incomodava. Mas, recentemente, durante um teste de avaliação intensivo, ficou claro que havia algo a mais acontecendo. Enquanto fazia os testes, eu estava ciente de que não tinha a habilidade usual de lembrar. Eu precisei ter essa habilidade na maior parte de minha vida, então sei quando ela não está aqui.

Estive no mesmo curso de natação por dois anos, e eu não me lembro dos nomes de todos. Eles simplesmente me escapam. Tenho que ouvir as pessoas chamando umas às outras pelo nome para que eu possa pegá-los. Encontro todas as formas de fazer isso! Aprendi várias maneiras de me virar sem saber o nome de alguém, relacionando-me com a pessoa primeiro e seduzindo-a para que fale mais. Se alguém fala por cinco minutos, tenho pistas suficientes bem rápido. Geralmente posso identificar as pessoas mais rápido por meio daquilo que fazem, e de onde elas vêm, do que propriamente de seu nome.

Há sempre um sentimento de estupefação quando esqueço de algo de que poderia ter falado ontem. Fico chateada comigo mesma e penso: "Oh, dane-se tudo". Se eu me sento com isso por um tempo, talvez volte. Uma hora depois, o pensamento todo pode voltar, mas é tarde demais, pois o momento passou. Às vezes eu posso dizer "Oh, eu me esqueci de contar isso a você". Mas tudo isso é questão de tempo.

Além disso, sei que posso levar algo da casa embora, colocar em meu bolso, e então ser completamente incapaz de determinar o que fiz com aquilo. Eu simplesmente não me recordo. Coisas assim acontecem algumas vezes. Está aqui. Estou ciente de que minha memória não funciona tão bem quanto costumava.

Os primeiros sintomas de Alzheimer de Betty podem ser reclamações comuns de pessoas de qualquer idade, especialmente idosos. Diferentemente dos mais alarmantes desarranjos de Bill com 50 anos, quando os sintomas aparecem nos anos mais avançados são facilmente atribuídos à idade. A família, as pessoas em geral e os profissionais da área médica podem ignorar sintomas amenos do Alzheimer, tratando-os como "esquecimento senil benigno" do envelhecimento. De fato, assim como os reflexos corporais físicos desaceleram com a idade, os reflexos cognitivos também. A habilidade de se lembrar de informações conhecidas ou de aprender novas informações pode requerer mais tempo e concentração. Mas, apesar do esforço, Betty não podia reter um material que ela poderia ter aprendido anteriormente com prática e paciência. A ocorrência de episódios consistentes de perda de memória, que refletem uma mudança incomum e contínua em uma habilidade prévia, não é uma parte inevitável do envelhecimento. Quando combinada com dificuldade em realizar tarefas previamente bem aprendidas, a preocupação é garantida. Embora indivíduos em todas as fases do Alzheimer possam experimentar flutuações diárias de habilidade, o problema de memória subjacente não desaparece e não pode simplesmente ser atribuído a um dia ruim.

Betty era pragmática. Ela não seria trapaceada por seus próprios sintomas, e ela pretendia enfrentá-los de uma maneira direta. Porém, sob sua conduta confiante, repousa um elemento de vulnerabilidade, que era muito mais pessoal.

Histórico familiar

A outra razão pela qual sou especialmente sensível ao Alzheimer é que minha irmã mais jovem também tem. Foi há cerca de dez anos que ela teve as primeiras pistas da doença. Quando foi diagnosticada, eu pensei que esse poderia ser meu destino eventual, mas esperava que não fosse. Atualmente ela está em uma pequena casa de repouso, próxima ao vale onde ela cresceu, perto de seus amigos. Eles estão cuidando bem dela nesse lugar. Seu filho tenta visitá-la e fazer tudo que pode. Na primeira vez que fui lá, pensei "Oh, meu Deus!". Mas quem dirige o estabelecimento é uma mulher adorável, e isso ajuda muito. Então, minha irmã está se saindo tão bem quanto o esperado. Eu ligo para ela uma ou duas vezes por semana. Ela sempre reconhece minha voz, mas ela começou a perder a habilidade de identificar velhos amigos. Se ela os vir pessoalmente, é mais fácil. Mas é óbvio por que é assim. Há sempre mais a lembrar de alguém quando podemos ver essa pessoa. Se uma amiga tem o cabelo igual o tempo todo, você pode dizer a si mesma: "Bem, eu me lembro do cabelo".

Estou imaginando quanto tempo esse processo vai levar antes que eu tenha que ser cuidada. Essa é a preocupação óbvia. Sei que o Alzheimer progride muito rápido em algumas pessoas, e em outras leva bastante tempo. Então, tenho dois desejos: um é que isso não termine sendo muito ruim, ou que isso seja um processo bastante lento.

O histórico do Alzheimer na família de Betty a tornou mais sensível à instalação de seus próprios sintomas. Isso também a expôs a um risco crescente de desenvolver a doença. Quando alguém tem um genitor ou irmão com Alzheimer, sua própria suscetibilidade é ampliada. No entanto, com exceção de variações genéticas raras e específicas, o histórico familiar de modo algum assegura a inevitabilidade do Alzheimer. Mesmo entre famílias, a taxa de progressão não é consistente, nem o aparecimento dos sintomas. A duração da vida com Alzheimer varia de dois a vinte anos ou mais, e os sintomas comportamentais e cognitivos variam consideravelmente entre os familiares afetados.

Trabalho de equipe

Enquanto Betty tinha esperança de que o curso de seu Alzheimer fosse lento e seus sintomas moderados, ela já estava ciente do apoio e da segurança advindos de sua relação com Kurt. Ainda que sua perda de memória testasse a paciência deles, o casamento era uma fonte de familiaridade profunda e conforto em face da incerteza.

Não estar sozinha nessa história ajuda. Conforme o tempo passa, Kurt está aqui para me corrigir sobre as coisas, e eu também o corrijo às vezes. Mas, enquanto Kurt puder estar um passo à minha frente, não vou me preocupar. Nós somos um time há muito tempo, então acho que não tenho muita escolha nessa questão, e nem ele. Sou mais dependente agora, e eu nunca fui particularmente dependente. Não estou contente com o fato de que isso esteja acontecendo. Mas sei que nesse ponto não tenho escolha. Às vezes, quando esqueço algo, Kurt tem que se segurar e não ficar irritado com isso. Obviamente, ele está aprendendo a fazer isso com o tempo. Fico irritada quando ele perde a paciência por alguma coisa que esqueci, e de vez em quando eu estouro. Sinto muito por isso, mas eu simplesmente esqueço as coisas.

Acho que é triste quando não há uma história de trabalho em equipe nos relacionamentos matrimoniais ou familiares de muitas pessoas com a doença de Alzheimer. Tenho trabalhado com muitas pessoas diferentes e sei que isso acontece. Tem que existir muita confiança. Isso é verdadeiro para qualquer bom casamento. Quando penso nos casamentos que não deram certo, faltava esse elemento. Tendo confiança suficiente, você consegue suportar muitas coisas; confiar em tomar decisões que são realmente mútuas, ou confiar que você pode conversar sobre o comportamento de um ou de outro. Nós não temos problemas em apontar os erros um para o outro.

A consistência e o trabalho de equipe de seu longo relacionamento sustentavam Kurt e Betty. Também criavam desafios que são comuns a muitas famílias que enfrentam o Alzheimer. Para o bem ou para o mal, ficamos acostumados aos estilos de interação, às características de personalidade, às idiossincrasias, às fraquezas e às forças da outra pessoa. Conhecemos a coreografia de um relacionamento, o jeito com que nos movemos graciosamente juntos e os passos que podem nos impulsionar a viajar. Em um bom trabalho de equipe, há determinadas áreas em que um pode liderar e o outro apenas acompanhar. Mesmo assim, enquanto alguns relacionamentos podem se adaptar às mudanças de ritmo, outros conhecem somente uma ou duas rotinas diferentes. Esse espírito de equipe menos desenvolvido conduz à crise em razão de qualquer nova percussão. Mesmo os parceiros mais flexíveis podem se aborrecer por ter de aprender novos movimentos. Famílias podem sofrer para manter a mesma velha dança, enquanto esperam que a batida exasperante da perda de memória simplesmente desapareça. Por isso, como descreveu Betty, enquanto você faz o melhor para ir em frente, a paciência pode ser esmagada sob os pés cansados.

Eu estou em vantagem ao estabelecer e construir um relacionamento com alguém após o aparecimento do Alzheimer. Estou familiarizada com a dinâmica da doença, e minha tarefa é ver como cada membro da família está se movimentando dentro de seu ritmo desafiador. Eu espero que talvez tropecemos enquanto interagimos com os estilos de cada um. Às vezes colidimos. Ofereço o que espero ser útil ou acredito ser necessário para se precaver das crises. Porém, ao longo dos anos, cada família tem sido um inestimável instrutor para os muitos modos diferentes de passar pelo Alzheimer. Estou sempre preparada para ser tanto a professora quanto a aluna nesse processo cinético.

Livrando-se das responsabilidades

Betty estava bem ciente das maneiras com que ela e Kurt tinham que alterar suas rotinas bem consolidadas. Os dois ainda eram muito ativos na administração e consultoria do trabalho social da comunidade, mas Betty sabia que não poderia mais assumir o comando nas questões organizacionais. Ela admitia a necessidade de se colocar de modo diferente.

Não estou assumindo nenhuma nova responsabilidade. Eu encontro um jeito de me esquivar delas. Faço poucas coisas, que ainda sou capaz de fazer, de vez em quando. Sempre estive envolvida em muitas organizações de trabalho social, e ainda pego uns dez periódicos profissionais por mês para passar os olhos. Eu leio algum artigo, e isso ajuda a me sentir conectada e envolvida, mesmo que eu não esteja. Estou sendo muito cuidadosa em relação a me envolver demais.

138   Papirus Editora

Mantemos nossa casa aberta a convidados e colegas que nos visitam de todos os lugares do mundo. Não contei a nenhum deles sobre minha perda de memória, e acho que minha hora para isso vai chegar. Se alguém me pergunta: "Por que você não assume esse projeto?", eu digo: "Bem, estou começando a me preocupar com minha memória". Eu vou relacionar esse fato com a doença de Alzheimer. Eu não estou evitando. Essa seria uma razão óbvia para não ficar conectada em uma moda atual, detalhada. Eu simplesmente vou me oferecer para abdicar de algumas responsabilidades. As pessoas vão ficar desapontadas por eu não ser capaz de fazer o trabalho. Mas eventualmente vou precisar de proteção contra mim mesma – proteção para não fazer coisas que seriam estressantes. No passado, se algo parecesse estressante, eu provavelmente diria: "Danem-se as consequências!". Mas sei que não posso mais dizer isso.

Embora Betty estivesse aprendendo a moderar suas atividades, suas declarações revelavam o desafio de ficar conectada aos interesses e ao propósito da vida, enquanto também respeita as novas limitações impostas pelo Alzheimer. Quando o ritmo de vida muda, seja em razão do aparecimento de incapacidades, do nascimento de um filho, de uma doença em família ou da mudança de emprego, temos que parar, tomar um fôlego e ajustar nossa rotina. Quando necessário, abrir mão de algumas responsabilidades pode ser um alívio. Ainda assim, a causa da guinada na vida de Betty era uma doença cujo ritmo é complexo e nem sempre bem acomodado ao movimento da sociedade dominante. Embora Betty conhecesse o caminho razoável a ser tomado para entender seu diagnóstico e revelá-lo aos outros, sentimentos de incerteza e precaução permeavam sua conduta mais pragmática.

Reações imprevisíveis

No passado, as pessoas nunca pronunciavam a palavra *Alzheimer* por medo de pegarem a doença. Estavam se defendendo. Assim acontecia também com o câncer. Mas, agora, a doença de Alzheimer recebe muita atenção, e os sintomas que são descritos assustam as pessoas – que nós andaremos cegamente em direção a um carro, porque estamos perdidos e divagantes. Isso não é necessariamente verdade, mas todos têm essa ideia.

Quando chega o Alzheimer, você não sabe ao certo como as pessoas vão reagir. Nenhum de nós gosta de reações inesperadas. As pessoas podem rechaçar você, porque têm medo da doença. Podem se sentir desconfortáveis, porque não sabem o que lhe dizer. Isso coloca um peso sobre as pessoas para descobrir como reagir. Assim, eu não vou correr por aí dizendo: "Ei, eu tenho Alzheimer. O que você tem?". Se você tem alguma incapacidade física, é bem óbvio. Mas esse tipo de problema é mais difícil de mostrar. As consequências são sérias, mas você não quer ter que gastar horas falando disso em uma discussão impessoal. Isso é verdadeiro para qualquer diagnóstico ou doença séria.

É bem diferente se você sabe que está conversando com alguém que está familiarizado com a doença; existe uma rede de segurança quando você conversa com pessoas que entendem e se preocupam com sua condição – pessoas que não pisam sobre seus sentimentos ou minimizam seu problema. Quando você esquece algo e alguém diz: "Oh, bem, isso não é importante", talvez fosse importante. Não deveria ter sido esquecido, mas foi, e você precisa de uma explicação para si mesmo.

As pessoas podem negar que têm a doença de Alzheimer, porque elas não têm a oportunidade de conversar com outras pessoas que são solidárias e compreensivas e que vão ajudá-las durante todo o processo. Esse é um triste cenário dos fatos. Qualquer um que tem esse diagnóstico precisa de outros com quem conversar.

A qualquer momento que recebemos uma notícia, seja promissora ou desencorajadora, nós passamos por um processo de decidir com quem, e quando, compartilhar a informação. No caso de boas notícias ou informação relativamente impessoal, o processo pode ser mínimo. Porém, quando o assunto é Alzheimer, não é incomum ouvir os diagnosticados e suas famílias ponderarem sobre a revelação com cuidado.

Betty deu o primeiro passo na revelação, ao admitir o diagnóstico para si mesma. Muitas pessoas podem inicialmente, ou mais persistentemente, duvidar de seu diagnóstico. Família e amigos podem também atravessar períodos de negação, ignorando os problemas ou invalidando preocupações expressas como "problemas que acontecem a qualquer um". Certamente, seria difícil para algumas pessoas associar as imagens sombrias que têm do Alzheimer avançado com a vitalidade e a inventividade de Betty.

Inclusive, é essa disparidade entre a percepção limitada do Alzheimer do público e o verdadeiro espectro completo dessa condição que contribui para a hesitação na aceitação e na revelação. Muitos com Alzheimer se referem à sensação de estigma associado à doença, quando os outros assumem que eles são figuras incompetentes, trágicas ou, como descreveu Betty tão adequadamente, bizarras e imprevisíveis em seu comportamento. Embora os efeitos dos sintomas partam de amenos até severos, as pessoas recém-diagnosticadas ou apenas afetadas com intensidade amena ou moderada podem temer a categorização e subsequente aversão que advêm de nossos estereótipos sobre os que têm Alzheimer. Quem tem a coragem de revelar seu diagnóstico aos outros se engaja em um extraordinário serviço público, que nos desafia a incluir as variadas dimensões de pessoas com Alzheimer no retrato em transformação de nossa sociedade.

Uma lição em desaceleração

Betty sabia que o Alzheimer poderia criar dilemas imprevisíveis para si mesma e para os outros. Tendo dedicado sua vida à compreensão da interação e do comportamento humano, ela prontamente recuperou suas diversas destrezas e ideias para compensar quaisquer erros impostos a ela pela perda de memória.

Acho que tenho aprendido a desacelerar e prestar mais atenção. Não quero me envolver em uma conversa e saltar daqui para ali sem deixar claro o passo intermediário. Quero ter certeza de que sei do que estou falando. Essa minha precaução, em alguns momentos, desacelera minha resposta, porque, quando sou espontânea, tenho de ter certeza de não trocar os pés pelas mãos. Pode ser que eu diga algo para a pessoa A que, na verdade, faz sentido para a pessoa B. E isso não é necessariamente uma coisa boa! Você comete alguns *faux pas* a mais do que normalmente cometeria. Então, às vezes, você tem que encobri-los. Por exemplo, tenho aprendido a elogiar um pouco mais as pessoas. Eu encontrarei alguma característica para elogiar em alguém, como um meio de desarmá-la diante dos erros que eu possa cometer. Isso, de alguma forma, faz com que as pessoas fiquem menos aborrecidas se eu me confundir. Descobri que isso é muito útil. É incrível o que podemos fazer para nos proteger!

De certo modo, o Alzheimer é uma experiência de aprendizado. Eu costumava ser capaz de reter muitas informações que poderiam facilmente ser recuperadas a qualquer hora, e essa habilidade está diminuindo. Estou aprendendo que não posso sempre confiar naquela informação. Então, em vez disso, posso responder à pergunta de alguém com outra pergunta. Todos nós fazemos isso. É um processo de tentar ajudar a nós mesmos.

Eu também estou observando a mim mesma e as outras pessoas um pouco mais de perto. Sempre fui muito sensível à linguagem corporal, às emoções e atitudes. Posso afirmar, conforme o modo como alguém se movimenta, se o que eu disse foi uma coisa boa ou ruim. Eu tenho que usar minha intuição muito mais do que usava, a fim de capturar o significado do que as pessoas estão me dizendo. Essas são habilidades que eu tinha desenvolvido como assistente social, então, pelo menos, estou preparada.

Betty e eu rimos de nosso reconhecimento mútuo dessas táticas comunicativas. Ela não expressava constrangimento em revelar seus segredos. Ao contrário, ela parecia se divertir com sua própria ingenuidade. Possuía uma habilidade excepcional de resolver problemas e mantinha traquejos sociais elegantes. Embora todos experimentem manobras para se esquivar de uma tolice ocasional, o uso consciente de Betty de suas táticas particulares era criativo e estratégico. Eu fui renovada por sua candura, porque esta revelava seu orgulho pessoal e uma fonte inesgotável de manutenção da sua autoestima. Ela não teria nascido para se sentir inferior por causa do Alzheimer. Seus desarranjos eram irritantes e incômodos, mas ela tentava toda vez passar a perna neles. Quando isso não era possível, ela tentava ser racional e aceitá-los.

O ser humano completo

Betty tinha uma perspectiva ampla sobre o Alzheimer. Ela sentia os efeitos da doença de modo pessoal. Como uma assistente social, ela também se colocava em um panorama social maior e estava ciente de que provavelmente receberia, no tempo certo, os serviços de sua própria profissão.

As pessoas estão começando a entender que existe uma coisa como a doença de Alzheimer, e o seu custo financeiro está se tornando uma grande questão. Há uma grande tendência de focar nisso. Há muitas pessoas pobres vivendo mais e envelhecendo, então alguns estão muito aborrecidos com a despesa de tudo isso.

Acho que o assunto mais urgente para cada um é aprender todo o negócio da aceitação. Tenho visto muitos profissionais da saúde que nunca fizeram nada para essa fase. Eles estão ocupados querendo subir no próximo degrau da escada. Isso é bem humano. Não os culpo. Mas eles realmente não aceitam o significado da doença para as pessoas. Eles conhecem o diagnóstico, mas não reservam um tempo para descobrir o que isso significa verdadeiramente para aquele paciente. Essa superficialidade com que os profissionais lidam com o Alzheimer é bastante dolorosa de ver.

A aceitação é difícil de ensinar. A fim de aprender a aceitar as deficiências dos outros, você tem, em primeiro lugar, de ser capaz de aceitar as suas próprias. Uma pessoa com a doença de Alzheimer é muitas coisas mais do que só seu diagnóstico. Cada uma é um ser humano completo. É importante ser tanto solidário quanto curioso e ter um interesse real pela descoberta de quem é aquela pessoa. Você tem que desejar realmente estar presente com alguém que tem Alzheimer. Mas existem algumas pessoas que não querem aprender, e é esse olhar de baixo para cima e a condição humilhante de pessoas com Alzheimer que é difícil de assistir.

***

Dois anos mais tarde, eu dirigi pelo caminho agora familiar até a casa de Betty e Kurt. Betty tinha se juntado ao grupo de apoio ao Alzheimer no momento de sua criação, pouco depois de nossa primeira entrevista. Ela e Kurt tinham sido recentemente os anfitriões da festa de aniversário de dois anos para os membros do grupo e seus familiares. Embora eu tivesse visto Betty de perto todas as semanas, nos últimos dois anos, ansiava pela chance de conversar com ela em privacidade.

Quando cheguei, Betty e Kurt estavam absorvidos no planejamento de uma viagem de verão de dois meses à Europa. Mapas estavam espalhados sobre a mesa da sala de jantar, e Kurt estava organizando os detalhes. Embora os dois um dia tivessem formado um time equilibrado, agora a responsabilidade pela logística da viagem recaía sobre Kurt. Mas isso não diminuía o espírito de parceria que manifestavam enquanto discutiam os planos propostos para a viagem. Kurt teve de cancelar uma travessia noturna de balsa por causa da indisponibilidade de uma cabine-dormitório. A única opção era dormir no deque, e ele a tinha descartado.

– Kurt! Você está ficando velho! – Betty brincou. – Durma sobre o deque!

Kurt olhou para Betty de um modo contente, porém incrédulo:

– Você está falando sério, não está?

– Claro que estou!

– Você realmente faria isso, não faria?

A ambição audaciosa de Betty parecia reconfortante para Kurt. Sua duradoura presença de espírito não tinha se rendido ao Alzheimer. Kurt olhou-me de relance, concluindo a história com um sorriso aberto:

– Acho que ela realmente faria isso.

Senti-me calorosamente engajada e inspirada pela conversa com eles. Kurt e Betty, ambos com 80 anos de idade, eram viajantes rústicos experientes. A viagem do ano anterior tinha sido pelo Alaska, na Volkswagen Kombi que eles tinham. Eu compartilho seu amor pela aventura, provavelmente herdado de alguns dos meus animados ancestrais, na esperança de que eu também esteja sobre um deque de balsa, dentro do meu saco de dormir, aos 80 anos de idade.

A logística de viajar com volumosos sacos de dormir era complicada, e, muito provavelmente, a opção era irrealista. Mas a coragem e a flexibilidade de Betty eram revigorantes. Embora ela fosse amplamente realista sobre seus desarranjos, não queria considerar sua vida desnecessariamente restrita por quaisquer limitações do envelhecimento, e menos ainda por aquelas impostas pelo Alzheimer. Assim que nós nos sentamos na sala de estar para conversar, Betty expressou seu entusiasmo em relação aos planos de viagem.

Estou entusiasmada com essa próxima viagem. Você não vai acreditar no que vamos fazer. Nós conversamos sobre tudo. Se eu dissesse "não" para alguma coisa, Kurt se apressaria em cancelar. Mas estou bem com ele. Espero que tenhamos algumas boas aventuras. Ainda estamos fazendo praticamente todas as coisas que fazíamos antes do Alzheimer, e acho que isso é importante. Estou aberta a novas coisas e estou aprendendo o tempo todo. É melhor do que ficar calada e deitada.

Penso que minha doença é um processo lento, e Kurt me ajuda a aproveitar tudo o que há para aproveitar. Nós dois nos mantemos em forma. Vamos às aulas de natação três vezes por semana, e durante o verão entramos no mar todos os dias. Estava pensando hoje, quando estávamos nadando, em como é legal estar fisicamente ativo de verdade. Tenho 80, logo, não posso viver muito mais tempo. Minha expectativa de vida não é tão grande. Então, não me sinto trapaceada pela doença, ou como se a vida estivesse aplicando truques demais sobre mim. Enquanto se é capaz de manter um relacionamento relativamente normal em público, o que importa se você tem Alzheimer? Se eu posso ser um ser humano comum, deixe-me ser assim. Por que eu deveria me preocupar com tudo o que poderia acontecer? Eu só lido com um problema conforme ele aparece. Sou pragmática. Ser pragmática é minha religião.

Betty estava satisfeita com sua força física. À luz de suas mudanças cognitivas, ela sentia prazer no domínio de seu corpo físico e celebrava sua saúde geral. Sua aparência vital e seu envolvimento em atividades diárias a ajudavam a se sentir inconspícua. Ainda que fosse verdadeiramente extraordinária, Betty se esforçava para ser ordinária, para se mover por entre os seus círculos familiares e manter uma relação sempre atualizada com a vida. O reconhecimento de que ela tinha vivido uma vida longa e rica até então diminuía a sensação de injustiça que muitas pessoas mais jovens com Alzheimer sentem, quando a doença se intromete na carreira, nos planos para aposentadoria ou na visão de um futuro. Sua apreciação, no entanto, não diminuía sua intenção de tornar os anos remanescentes também vitais.

O relacionamento de Betty com Kurt tinha se acalmado depois dos episódios de turbulência impaciente que o tinham atingido poucos anos antes. Fosse na viagem que se aproximava ou em casa, ela sabia que estava em boas mãos.

Nós amamos um ao outro. Isso há 55 anos, e não vamos mudar. Esse fato em si mesmo é tão consistente e relaxante. Estou confortável com Kurt, porque sinto que ele leva em consideração qualquer deficiência que eu tenha, e estou aprendendo a ser dependente dele. Agora ele também está mais acostumado aos problemas de memória. Ele entende e é prestativo. Quando esqueço coisas, ele me lembra e não fica bravo com isso. Se estou em uma conversa com outros e perco algo, ele preenche minha fala sutilmente. Ele é amável e dedicado. Isso é o mais importante. Esse é um momento em que me sinto contente por ter me casado com um assistente social. Tenho sorte de tê-lo comigo. Tenho mais sorte do que a maioria em meu lugar.

Kurt gosta do fato de eu ainda ter senso de humor, e nós podemos rir das coisas. Podemos jogar conversa fora, o que é incrivelmente importante. Eu não guardo tudo comigo. Eu costumava guardar coisas dentro de mim, porque não queria colocar um peso sobre ele. Mas agora estou mais aberta. Se algo acontece, eu falo. Ele também entende quando, às vezes, quero simplesmente me retirar e subir as escadas para me afastar um pouco.

Acho que, no momento certo, quando sentir que sou realmente um fardo para Kurt, vou sugerir ficar em uma clínica. Seria um fardo muito pesado para mim ser um fardo para ele. Não sei em que circunstâncias seria, mas acho que vou reconhecê-las quando chegarem. Porém, ainda não estou preparada para uma clínica.

Embora Betty não sentisse isso como um problema importante, ela tinha começado a vivenciar acessos de desesperança diante de sua sensação de ser um fardo para Kurt. Certas vezes, ela sentia que não podia mais contribuir significativamente para a relação. Ela continuava a ser profundamente sensível às necessidades dos outros e astuta com as nuances de relacionamentos humanos. Mesmo assim, permanecendo à luz de suas conhecidas deficiências, ela tendia a relegar à sombra suas forças e contribuições.

Betty tinha um interesse de longa data por trabalho em grupo e, como uma assistente social psiquiatra, tinha propiciado a formação de grupos para pessoas com sérios problemas. Entretanto, o grupo de apoio do Alzheimer era o primeiro ao qual tinha se unido para si própria, e seu comprometimento com o grupo era inabalável.

Sou totalmente a favor de grupos de apoio a pessoas com doença de Alzheimer. Essa é uma das melhores maneiras de descobrir quão variada é essa doença. As pessoas estão em diferentes estágios, e, se você simplesmente abre seu coração e sua mente para isso, pode aprender muita coisa. Se as pessoas estão nos estágios iniciais, podem conversar sobre suas experiências e expressar seus sentimentos e expectativa sobre o futuro. O valor principal está em compartilhar experiências sobre um assunto comum sem ter que erguer uma parede porque você está preocupado com o modo como as pessoas vão reagir.

O principal tema é ajudar as pessoas a estarem abertas ao Alzheimer, mas não para privatizá-lo, especialmente dentro da família. Muito frequentemente, a tendência com algo desse tipo é guardá-lo com você e sofrer com isso. Mas não é necessário sofrer sozinho. As pessoas com Alzheimer são curiosas a respeito do que isso tudo vai significar para sua vida, e se elas podem apreender algum sentido disso por intermédio de um grupo de apoio, então podem passar pelo processo mais à vontade. Isso é muito importante.

Acho que a coisa mais legal para o grupo é sua preocupação como um facilitador para cada indivíduo, cada problema especial, e como ajudar. Isso tem um efeito que diz: "Veja, se algo der errado com você, estou aqui". Acho isso maravilhoso. Quando estou no grupo, ainda tento ajudar a coordenar, quando posso; tento conversar depois com alguém, ou segurar uma mão.

Nosso grupo de apoio tem se saído incrivelmente bem. É legal ter o sentimento de que estamos todos no mesmo barco. A continuidade semanal é uma parte importante do processo. Gosto do modo com que as pessoas ficam realmente preocupadas com alguém que está se ausentando e com o que está acontecendo na vida dela. Isso é o verdadeiro espírito de grupo. Ver decair algumas pessoas no grupo que conheço, e com quem me importo, mais rápido do que parece que deveriam me machuca. É triste. Mas estou lá. Sou uma parte do grupo, e é isso.

Seja por intermédio de um grupo ou de outros meios de apoio, nossa habilidade de contar com alguém preocupado conosco é fundamental para nossa capacidade de sobreviver à adversidade. O medo de doença está imbuído do medo de vulnerabilidade à dor emocional e física. Ainda que os outros não possam sempre remediar cada problema que surge, a segurança de que não vamos encarar o desafio sozinhos alivia nossa vulnerabilidade e ameniza nosso medo com os efeitos terapêuticos do vínculo humano.

O grupo de apoio era um lugar onde os participantes falavam não só do Alzheimer, mas também das outras dimensões de sua vida – suas histórias, famílias, viagens e seus interesses. Os marcos mais graves de uma doença progressiva dominavam menos, e impunham menos obstáculos, quando entremeados por marcadores mais luminosos durante a trilha da vida.

O presente de um jardim

Enquanto Betty e eu continuávamos nossa conversa, a luz na sala de estar se movia por entre as janelas, as sombras se alternavam, e eu me dei conta da passagem do tempo. Espiei o gravador, imaginando que ele deveria ter desligado há poucos instantes. O gravador repousava sobre a mesa com sua luz acesa, mas, examinando-o posteriormente, vi que a fita tinha parado de girar um bom tempo antes, não deixando gravada a maior parte de nossa conversa matinal. Eu tinha decidido não tomar notas durante essas longas entrevistas, porque essa atitude pode inibir a habilidade das duas pessoas envolvidas para relaxar em um diálogo natural. Eu poderia ter resumido nossa discussão, mas eu queria as palavras específicas de Betty, não as minhas. E milhares de palavras de Betty tinham agora desaparecido. Não vi outro jeito de remediar essa perda significativa senão voltar outra vez e recomeçar os temas de nossa conversa. Eu cogitei essa hipótese em silêncio, enquanto nós duas nos sentamos olhando o instrumento inerte.

– Posso te servir um pouco de café?

A voz de Betty era destemida. Ela não estaria acuada por essa falha desencorajadora. Sorri diante de sua compreensão, sua complacência e sua deixa de que não queria que nosso encontro terminasse, especialmente em virtude de uma anotação frustrada.

– Água, Betty. Eu adoraria um pouco de água.

Enquanto ela foi até a cozinha para pegar os refrescos, senti minha psique começar uma mudança dramática. Ao longo de sua vida, Betty não tinha sido facilmente derrotada pelas adversidades. Agora, absorvida em minha própria falta, eu me sentia humilde diante do modo gracioso com que sua determinação duradoura estava incorporada em sua confrontação diária com a natureza potencialmente derrotadora do Alzheimer. Ela sabia quando se esquivar de acontecimentos frustrantes, quando parar de se prender a uma impossibilidade e, ao contrário, buscar uma nova oportunidade. Enquanto eu lamentava a perda dessa transcrição singular, Betty vivenciava tais casualidades com frequência regular. Mesmo os detalhes da mais breve conversa com alguém poderiam ser perdidos para alguns poucos momentos em que passava o tempo. Ela frequentemente retinha a essência, mas muito raramente o exato conteúdo verbal. Conforme a névoa de meu apego à nossa conversação palavra por palavra se dissipava, eu me dei conta da quantidade extraordinária de contínuas renúncias imposta às pessoas com perda profunda de memória. Mesmo quando a memória do conteúdo de uma conversa é apagada, pode algo mais ser revelado?

Desistindo de minha perda, transferi meu olhar fixo para longe do gravador e olhei através da janela da sala de estar. Papoulas californianas de cor laranja claro estavam luminosas e energizantes no jardim adiante. Quando Betty voltou com a água, sugeri uma caminhada saindo pela porta lateral em direção à cor vibrante. Betty, satisfeita por eu ter me recuperado de meu estupor momentâneo, estava feliz em me ajudar.

Betty conhecia as plantas em seu jardim da mesma maneira que frequentemente conhecia as pessoas, não pelo nome, mas por uma familiaridade de jeito e apresentação, uma associação com sua presença repetida no mesmo contexto de novo e de novo, uma referência à história impressa na memória de longo prazo. Embora esses bolsões de estabilidade pontuassem o jardim, havia uma aleatoriedade geral na paisagem. Havia novas plantas e coloridas ervas daninhas que Betty alegremente descobriu durante nossa caminhada, assim como velhos espécimes familiares, que ela cumprimentava com um fresco e espontâneo entusiasmo. Ela era franca em sua desaprovação das tendências de algumas plantas crescerem efusivamente, sem controle, mas também parecia satisfeita com sua tenacidade rebelde e seu vigor. O jardim era um ambiente expressivo, cheio de ervas daninhas, selvagem, florescendo e ressemeando a si mesmo. Era prático que ele sobrevivesse com bem pouca manutenção, mas poderia ser nutrido e cuidado, quando o tempo permitisse.

Conforme andávamos, a presença do Alzheimer deu lugar ao companheirismo e ao espírito revigorante da natureza. Em nossa observação mútua das plantas e flores, estávamos tomadas pela descoberta de uma paisagem que nos mantém igualmente engajadas. Como uma profissional, eu poderia limitar meu papel com Betty às estimativas, recomendações e intervenções. Poderia conhecê-la apenas como uma paciente com a doença de Alzheimer, cujos *deficit* impunham uma gama de problemas a resolver. Ainda assim, como Betty tinha tão agudamente notado, ela era muito mais do que sua doença. Ela mantinha uma diversidade de experiências de vida e habilidades que agraciavam sua paisagem pessoal. Sua identidade não estava definida pelo Alzheimer mais do que o jardim estava definido por qualquer planta que crescesse dentro de seus perímetros. Ela fertilizava aspectos de sua vida para que florescessem tão brilhantemente que os outros ficavam mais atraídos por seus encantos sociais, seu espírito aventureiro e sua candura, e menos cientes de seus sintomas.

O Alzheimer era uma nova espécie no jardim e, a seu tempo, teria uma presença cada vez mais intensa. Poderia dominar, mas nunca seria a paisagem toda. Algumas expressões do caráter de Betty perderiam sua florescência, enquanto outras dimensões do ser, como novas espécies imprevistas, emergiriam espontaneamente. As trilhas de nossa caminhada atual seriam desviadas para direções imprevisíveis, e as estações marcariam sua passagem por sobre o jardim em mutação de Betty. Nos anos por vir, a paisagem poderia parecer bem diferente, mas ainda seria só dela.

Nós paramos sobre uma trilha mais baixa para olhar uma velha sequoia elevada sobre a beira do desfiladeiro, que avistava do alto a encosta e as faixas da autoestrada muito além. Eu fiquei maravilhada com sua postura solitária na árida região sul da Califórnia, já que estava acostumada a ver sequoias crescendo em bosques exuberantes e úmidos, nos arredores da região norte, onde nasci. A árvore, ao mesmo tempo em que parecia no lugar errado, de certa forma, exibia uma adaptabilidade louvável. Betty sorria conforme se dava conta do fato. "Nós a podamos", ela comentou, "e ela se desenvolveu muito bem". Betty apreciava a *performance* da árvore, e eu imaginei uma afinidade por ela sentida com essa sentinela sobre a encosta. Nesse jardim aleatório, onde surpresas da vida eram tanto uma oferenda improvisada quanto um novo problema a ser resolvido, Betty celebrava a complexidade e o desafio da existência. Estendendo seu braço para o alto de modo triunfante, ela saudou a presença da sequoia mais uma vez antes de resumir nossa caminhada: "Ela tem sido surrada ao longo dos anos, mas está viva! Isso é o que importa".

Consuelo

Sem ser positivo, não há vida.

Ainda temos muito a aprender sobre a doença de Alzheimer. Enquanto eu olhava o rosto suavemente arredondado e ansioso de Consuelo, por sobre a mesa da sala de conferência, desejava que houvesse outro motivo para nossa primeira interação. Aos 33 anos de idade, Consuelo, acompanhada por seu marido e seus pais adotivos, esperava para receber os resultados de seu teste genético preditivo para uma forma rara de Alzheimer precoce na família. Nossas apresentações foram breves, conforme nos posicionávamos ao redor da grande mesa retangular e aguardávamos as palavras iniciais de nosso neurologista.

Encontrei a irmã de Consuelo bem antes de tê-la encontrado. Marta tinha sido paciente em nossa clínica da doença de Huntington no Centro Médico Universitário, onde eu trabalhava como assistente social da área de saúde. Seus movimentos involuntários inabituais e a demência progressiva que a atingiu – assim como alguns de seus familiares – em tão tenra idade apontavam para essa desordem neurológica degenerativa de origem genética como a causa mais provável de seus desafortunados sintomas. Sua mãe desenvolveu demência aos 30 e poucos anos, morrendo por volta dos 50. Sua tia materna sofreu da mesma condição.

Porém, ao longo das repetidas visitas de Marta à clínica, seus sintomas eram incrivelmente pouco característicos da doença de

Alzheimer 153

Huntington. Testes genéticos subsequentes confirmaram que ela não possuía o gene de Huntington. Um dos neurologistas de nosso centro de pesquisas, buscando a acuidade de diagnóstico para seus sintomas inabituais, sugeriu o procedimento incomum de uma biópsia cerebral. Embora uma autópsia do cérebro possa ser feita para verificar a causa da morte, uma biópsia cerebral só é aconselhável quando pode ajudar a determinar a causa do aparecimento não usual de sintomas clínicos. Confirmando a suspeita de nosso neurologista, a biópsia de Marta revelou os característicos emaranhados neurofibrilares e as placas neuríticas encontrados nos cérebros de pessoas com Alzheimer. Uma vez determinada a doença, Marta passou por testes genéticos para encontrar a possível causa de seu início precoce não usual. Diagnosticada por volta dos 30 anos, ela se juntou ao aproximado 1% das pessoas cuja doença de Alzheimer é atribuída a uma herdada mutação genética no cromossomo 14. Agora estava claro que sua mãe não tinha morrido por doença de Huntington, mas por uma forma de Alzheimer vinda de sua família. Infelizmente, ela transmitiu esse mesmo destino à sua filha.

Em famílias com mutação no cromossomo 14, o portador do gene, seja o pai ou a mãe, tem 50% de chance de transmiti-lo à sua progenitura. Trata-se de um jogo de azar alarmante, com regras muito inflexíveis: se a criança herda o gene, só há garantias de que os sintomas de Alzheimer vão aparecer em algum momento entre os 30 e os 60 anos de idade. Mas, se a criança não herda o gene, o risco de desenvolver Alzheimer não é maior do que na população em geral. Já que cada nascimento carrega consigo as mesmas probabilidades, alguns filhos de um portador vão nascer com a mutação genética e, então, vão estar destinados a desenvolver Alzheimer na juventude ou na meia-idade, enquanto outros vão viver até a idade avançada, livres dessa herança devastadora.

Cientistas descobriram outras mutações genéticas nos cromossomos 1 e 21, que causam os mesmos resultados definitivos que a mutação no cromossomo 14. Em quase todas essas formas de doença de Alzheimer herdada, o aparecimento é precoce (anterior aos 60 anos); juntas elas correspondem a menos de 5% de todos os casos de Alzheimer. Ainda que a presença dessas mutações genéticas específicas possa definitivamente indicar se alguém vai desenvolver o Alzheimer precoce, outros genes relacionados ao Alzheimer tardio são menos absolutos e apenas estabelecem riscos elevados. ApoE é uma proteína que, no sangue, ajuda a transportar colesterol e gordura. Encontrada no cromossomo 19, uma forma do gene para essa proteína, ApoE4, está presente em mais da metade daqueles que adquirem Alzheimer depois dos 60 anos. Esse gene, também influente em doença cardíaca, pode ser herdado de um ou de ambos os progenitores. Embora seja possível ter o gene ApoE4 e não adquirir o Alzheimer, sua presença aumenta o risco de desenvolver a doença mais tarde.

O papel da genética na doença de Alzheimer é uma área de pesquisa intensamente ativa, que guarda um potencial para novas medidas de diagnóstico e avanços terapêuticos para prevenir ou adiar o aparecimento da doença. Mas, para aquelas famílias que enfrentam o risco de desordens genéticas, a vida está carregada de decisões e desafios complexos.

Quando a família de Consuelo pensou que sua doença hereditária fosse Huntington, ela passou por testes preditivos para determinar se portava o gene de Huntington. Os resultados foram negativos. Mesmo libertada do medo de adquirir tal doença, Consuelo não se sentia completamente tranquila. "Quando eu soube que havia uma doença atingindo minha família, quis investigá-la", ela se recordou mais tarde. "Quando peguei os resultados do teste de Huntington, quis acreditar que estava sã e salva dessa doença genética. Mas parte de mim não achava isso, porque naquele momento eles não sabiam realmente que doença minha mãe tinha."

Infelizmente, apenas dois anos depois, com o teste de sua irmã confirmando um gene e uma doença hereditária completamente diferente, Consuelo mais uma vez enfrentou a decisão de passar ou não por testes preditivos. Se ela herdasse a mutação no cromossomo 14, ela seguiria o curso de seus outros familiares afetados e, muito provavelmente, apresentaria os sintomas de Alzheimer por volta de seus 40 anos. Por ela ser recém-casada e estar planejando formar uma família, o risco de ter Alzheimer enquanto estivesse criando seus filhos pequenos, combinado aos 50% de chance de transmitir o gene à sua progenitura, pesava bastante na

Alzheimer 155

decisão do casal de ter crianças. Depois de um longo aconselhamento com uma equipe médica que detalhou para ela e alguns familiares escolhidos as implicações do teste genético, Consuelo decidiu fazê-lo. Agora, esperando pelos resultados, havia pouco espaço para suavizar as notícias. Seu teste foi positivo: ela carregava o gene.

A reação de Consuelo foi notável por seu silêncio. Seus olhos transbordaram em lágrimas, e ela estava visivelmente abalada, ainda que fosse difícil dizer como ela estava processando a informação com base em seu comportamento de choque e sua quietude. Enquanto seu marido parecia arrasado, sua mãe adotiva entrou em cena e foi ao cerne das questões sobre os resultados do exame de sua filha. Enquanto nós respondíamos às perguntas, eu não tinha certeza se Consuelo estava ouvindo as respostas. Ela estava presente, mas sua atenção parecia flutuar, e eu imaginei se ela estava começando a se fechar. As profundas implicações do resultado positivo para o gene eram muitas para serem tratadas em um único encontro. Nós não poderíamos ser só os portadores dessa informação, e simplesmente mandar Consuelo embora. Enquanto nosso neurologista a inscrevia no acompanhamento anual de nosso centro de pesquisas, eu planejei me encontrar novamente com ela e seu marido, Juan, dentro de um mês.

Durante o ano seguinte, tive mais cinco encontros, principalmente só com Consuelo. Já que temia a perda de privacidade e uma montanha de formulários médicos, caso ela buscasse aconselhamento pelo seu seguro de saúde, Consuelo conversou sobre suas preocupações na segurança confidencial de nosso centro de pesquisas. Ela estava muito isolada. Onde ela se encaixava na experiência do Alzheimer? Ela era excepcionalmente jovem e ainda não diagnosticada, mas vivia ciente de que desenvolveria a doença em pouco tempo. A imagem prevalecente do Alzheimer não incluía um rosto como o dela. Dado o impacto extraordinário da doença sobre sua vida, Consuelo pensou que isso deveria acontecer. Decidiu ser entrevistada com seu nome verdadeiro e algumas informações pessoais foram omitidas para manter a confidencialidade.

Há razões por mim escolhidas para entrevistar pessoas sobre o Alzheimer em sua própria residência. Quando encontramos os participantes no centro de pesquisas, estamos em um ambiente que foca a doença. Fazemos o nosso melhor para honrar e alcançar outras dimensões do bem-estar de nossos participantes. Todavia, nosso propósito com o centro de pesquisas e o propósito deles ao nos visitar são os mesmos. Um encontro em casa, no entanto, abre os parâmetros que estão além da doença para incluir outros aspectos da identidade; isso pode validar outras dimensões de quem uma pessoa é e do que é significativo em sua vida cotidiana. Desse modo, um paciente com uma doença se torna uma pessoa com uma história de vida única.

Poucos anos atrás, antes de me mudar de endereço, eu poderia ir a pé da minha casa à de Consuelo. Eu não a conhecia então. Mas, graças ao acaso, durante anos nos cruzamos enquanto fazíamos nossos afazeres na vizinhança, íamos ao cinema ou fazíamos compras no armazém local. Essas são as rotinas de vida banais, que nos unem como membros de uma comunidade, os contextos públicos comuns para as dimensões privadas de nossa vida pessoal. Nós todos caminhamos sobre um chão compartilhado, geralmente um tanto inconscientes dos aspectos pessoais da vida uns dos outros, que formam nosso mundo interior. Externamente, ao passar por Consuelo pela rua, ninguém notaria nela quaisquer mudanças significativas durante o ano anterior. Mas, enquanto as aparências externas na vizinhança perduravam, a imagem interior de Consuelo havia mudado radicalmente.

Eu estacionei em uma rua familiar em frente à sua casa e subi os degraus até seu pórtico de entrada. Consuelo estava me esperando, e seu sorriso aconchegante despontou por trás da porta. Ela tinha acabado de alimentar seu coelho de estimação e, quando entrei na casa, fui cumprimentada por um leve farfalho de alface. Juan a acusou de alimentar demais o coelho, mas era a inclinação natural de Consuelo para cuidar das coisas, assegurar-se de que estavam sem necessidades.

A mesa de jantar servia como o ponto central para os negócios dentro do lar; pouco antes da minha chegada, Consuelo estava ali sentada anotando ideias para se preparar para nossa reunião. Enquanto me sentava perto dela, preparando-me para relaxar para nossa conversa, as lágrimas de Consuelo precederam sua voz: "Chorei quando estava escrevendo isto", ela começou. "Isso me trouxe de volta velhas lembranças."

De fato, o trauma se introjetou tanto em seu passado recente quanto remoto. Conforme começávamos a recuperar as origens de nosso primeiro encontro e as notícias de seus resultados médicos, os elos com suas memórias de infância formavam uma cadeia infeliz e inquebrável.

Uma reação autoprotetora

No dia em que recebi meus resultados do exame, ouvi algo totalmente diferente. Não me dei conta de que os resultados eram tão definitivos. Até sobre a mutação do gene, pensei que ainda havia só uma chance de 50% de ter a doença. Eu sabia que tinha chances de ter Alzheimer. Mas sou mais estudada do que o restante de minha família, por isso pensei que talvez eu não tivesse. Então, lembrei que meu tio era advogado e tinha a doença. Assim, seus estudos não importam: você pode ir à faculdade e ainda assim ter Alzheimer.

Eu provavelmente desliguei quando ouvi as notícias. Estava muito nervosa. Meu cérebro simplesmente não queria ouvir. Muitos meses mais tarde, quando "a ficha realmente caiu", senti como se meu mundo estivesse se desmoronando, minhas esperanças e meus sonhos para o futuro. Já era suficientemente ruim ter passado por minha infância. E agora descobrir que havia a probabilidade de ter Alzheimer, senti como se isso não fosse justo. Mas a vida nem sempre é justa.

Na verdade, a infância de Consuelo havia sido terrível. Ela nasceu em San Diego, a caçula de oito filhos. Por volta dos seus oito anos de idade, sua mãe estava em uma clínica com Alzheimer avançado. Quando Consuelo entrou na sexta série, seu pai foi preso em consequência dos sérios abusos cometidos contra seus filhos, e isso foi a última coisa que soube dele. Ela foi morar com Marta e seu marido em uma pequena cidade logo ao sul da fronteira com o México. A família levou a mãe para o México com eles e tentou cuidar dela em casa, mas eventualmente tinham de conduzi-la a uma casa de repouso no Arizona. Embora Consuelo visitasse sua mãe ocasionalmente, a experiência era extremamente dolorosa para uma jovem garota.

Minhas lembranças de minha mãe antes da doença de Alzheimer são vagas. Mas consigo me lembrar dela como uma mãe muito boa. Sempre posso ver em minha mente uma imagem de seu rosto com os cabelos cacheados. Mas realmente não lembro de todos os detalhes daquela época de criança. Acho que é bom não me lembrar de tudo, porque o passado foi muito cruel e talvez difícil demais para se lidar. Eu provavelmente sobrevivi apagando aqueles tempos de minha memória.

Enquanto Consuelo morava com sua irmã no México, ela cruzou a fronteira todos os dias para frequentar a escola em seu país natal. Pela extraordinária boa vontade de sua professora do primeiro ano colegial, a vida de Consuelo sofreu uma virada muito mais radiante.

Eu tinha que tomar muitos ônibus para chegar à minha escola de ensino médio no Arizona, mas foi assim que conheci minha mãe adotiva. Ela era minha professora. Eu estava então no primeiro ou segundo ano. Não sei como isso aconteceu, mas devo ter dito a ela como eu estava indo e voltando da escola a cada dia. Ela disse: "Bem, talvez você possa vir ficar comigo por um tempo. Mas me deixe conversar com meu marido". Acho que eu não me lembrei da parte em que ela disse: "Me deixe conversar com meu marido", e voltei à escola no dia seguinte com todas as minhas roupas! Então me mudei para a casa deles. Eles não me adotaram formalmente até eu completar 18, para que não houvesse chances de meu pai biológico contestar a decisão. Meus pais adotivos me salvaram. Meu fim teria sido ser indiferente, egoísta, e ter problemas com a lei. Acho que sou uma boa pessoa agora por causa deles.

Mas eu entendo que, graças ao gene, terei a doença de Alzheimer, e que ela poderia começar tão logo eu terminasse a faixa dos 30 anos. Estou com 34 agora. Minha mãe é muito positiva e muito dedicada. Ela diz: "Deus está com você, então não se preocupe, e, se você ficar doente, tomarei conta de você". E eu penso: "Mas você já tomou conta o suficiente de mim!".

Outra perspectiva assustadora

Consuelo havia suportado imensos desafios para se tornar uma pessoa muito capaz e compassiva. Ela sentia muita gratidão para com seus pais adotivos e nutria esperanças de cuidar deles em sua velhice, assim como eles haviam cuidado dela. Tendo seguido uma profissão que a capacitava a ajudar aos outros, ela temia ficar dependente e perder os sentimentos de autonomia e autoestima, tão difíceis de serem adquiridos.

Frequentei a faculdade e recebi meu diploma de graduação em desenvolvimento da primeira infância. Queria cuidar de crianças e ser alguém que faz uma boa diferença diferença na vida delas. Trabalho com crianças com problemas de desenvolvimento em um programa de educação especial, ensinando e treinando habilidades vitais. Ofereço muito amor aos meus garotos, porque não tive isso quando criança. Até encontrar meus pais adotivos, nunca ouvi muito coisas como "Você ficará bem; eu me importo com você; eu te amo, incondicionalmente". Essas palavras são tão importantes. Todas as crianças precisam delas. Enquanto estão em nosso programa, sou como uma mãe para elas. Elas me chamam de "mamãe" às vezes. É um termo afetuoso. Tenho um sentimento de que ajudei esses garotos durante uma fase difícil, e talvez isso faça a diferença para ajudá-los a se tornarem pessoas melhores. Sei que as crianças são nosso futuro. Precisam de bons modelos, cuidados e amor.

Você não pode imaginar o quanto eu me preocupo com trabalho e com a perda do emprego que adoro. Não posso conceber nenhum outro emprego senão este. Tenho de ser cuidadosa com quem converso sobre esse gene do Alzheimer, porque eu poderia perder meu emprego. Se eles descobrirem, vão ficar muito incomodados. Sei que, eventualmente, vão se livrar de mim. Eu também perderia meu seguro-saúde. Meu marido tem um seguro-saúde por meio de meu empregador. Ele não ganha tanto dinheiro quanto eu, então não há como conseguirmos nos manter apenas com a sua renda. Tenho certeza de que qualquer compensação por incapacidade que eu recebesse não seria tanto quanto meu salário atual. Trabalhei duro para ser independente e ter meu próprio plano de saúde. Não quero sentir que estou implorando por benefícios.

O bem-estar emocional e financeiro de Consuelo estava consideravelmente atrelado à sua profissão. Enquanto falava de seu trabalho, seu entusiasmo e seu comprometimento sincero eram óbvios; as crianças atraíam suas habilidades intelectuais e sua empatia, e estimulavam uma sensação de propósito recompensadora. Elas também eram um inestimável escape da preocupação com o Alzheimer. Não havia espaço para inquietações com as incertezas do futuro quando as muitas necessidades das crianças eram tão imediatas. Porém, apesar do valor de ficar focada no presente, Consuelo tinha problemas deixados para trás que ela não poderia mais adiar nem ser capaz de ignorar.

Para muitas famílias que enfrentam o Alzheimer, o planejamento legal e financeiro para o futuro se torna uma questão importante. O planejamento dos bens – incluindo poderes duráveis de procurador para finanças e cuidados de saúde, bem como o estabelecimento de uma vontade ou confiança – deve ser levado em conta bem cedo diante de uma doença progressiva, enquanto o familiar afetado tem total capacidade de participar. Já que Consuelo ainda não havia sido diagnosticada com Alzheimer, poderiam existir outras áreas a serem investigadas: a compra de um sistema de remuneração por incapacidade mais completo, no caso de ficar desempregada; um seguro-saúde suplementar, que entraria em vigor caso ela perdesse o emprego e seus benefícios; um plano de saúde de longo prazo para ajudar a pagar despesas futuras. Uma vez diagnosticada, ela estaria automaticamente inelegível para tais benefícios.

Até então, Consuelo tinha sido diagnosticada com uma mutação genética que inevitavelmente resultaria em Alzheimer. Ela seria obrigada a revelar essa informação? Ela deveria? Conforme a genética se torna um fator mais preponderante no Alzheimer e, gradativamente, em outras doenças sérias, a questão ética em torno de testes preditivos ou da revelação de seus resultados é complexa. Uma vez que a maioria dos testes genéticos trata apenas de um risco relativo de adquirir a doença, não está claro o quão amplo vai ser o papel das descobertas médicas na triagem dos inscritos ou na provisão das apólices de seguro. Entretanto, dadas as profundas ramificações dos testes genéticos para definitivamente prever a doença futura, requerer tais informações pode ter consequências muito sérias e complexas.

A decisão de ser avaliada

Tivessem os resultados dos testes de Consuelo indicado a ausência do gene do Alzheimer, seria improvável que ela se sentisse ambivalente com respeito ao conhecimento das descobertas. De fato, teria sido um alívio extraordinário ser capaz de seguir a vida sem a ameaça iminente da doença. Mas a chance de receber essa feliz notícia tinha sido equivalente à chance de receber a notícia de uma alternativa muito mais grave agora por ela enfrentada. Perguntei-lhe o que alguém deveria considerar antes da decisão de ser avaliado.

É importante não ser pressionado a passar por teste genético. Pode ser que você odeie a pessoa que lhe forçou a fazer isso. Você pode ficar ressentido. Deveria ser você a desejar fazer isso. Antes, você tem que ter certeza de que sabe onde está entrando. Você tem que considerar todos os prós e contras de saber os resultados, e ver se acha que pode lidar com eles antes de ser avaliada. Tome a decisão que quiser, não o que os outros querem. E, mesmo se você for testado, não é necessário obter os resultados. Você pode fazer isso apenas em prol da ciência. Se eu fizesse isso tudo de novo, não gostaria de saber os resultados. É simplesmente muito duro. Nada de bom resultou disso.

Decidi ser avaliada porque queria ter filhos. Se eu não os quisesse, não teria feito isso. Senti certa pressão de Juan com relação a ter feito o teste por esse motivo. Se desse positivo, ele saberia que não queria filhos. Mas eu nunca estive completamente segura de que os resultados positivos do teste significariam que eu não deveria ter crianças.

Eu ainda quero filhos. Esse sempre foi meu desejo. Eu me sinto incompleta sem eles. Minha família também. É difícil quando assisto à TV e tem aqueles comerciais com bebês. Começo a chorar. Juan não quer ter filhos, em virtude das chances de passar adiante o gene. Isso fere a nossa relação. Mas tenho que pensar positivo, que vai haver algo para curar completamente a doença ou, ao menos, desacelerá-la. Se eu estivesse muito debilitada pelo Alzheimer para cuidar de filhos, teríamos muitos amigos e familiares confiáveis que nos ajudariam.

A decisão de realizar testes genéticos preditivos é bastante complexa e implica considerações meticulosas de um médico ou um especialista em genética. Diferentemente de outros genes que preveem somente o risco relativo de adquirir uma doença específica, o resultado positivo para a mutação no cromossomo 14 é definitivo e prevê a instalação de uma doença profunda e progressiva na meia-idade do paciente. Muitos de nós às vezes nos perguntamos como a vida seria se pudéssemos ver o futuro em uma bola de cristal. Viveríamos de maneira diferente, sabendo o que pode estar à frente? Como esse conhecimento afetaria nossa habilidade de aproveitar o presente e traçar metas para o futuro? Nós queremos esse tipo de informação ou estamos sendo pressionados por outros a adquiri-la?

O planejamento familiar estava na base da decisão de Consuelo de ser avaliada. Juan pensava que eles estariam de acordo sobre não ter filhos, caso ela fosse positiva para o gene. Mas, uma vez que o resultado do teste foi conhecido, toda compreensão prévia que o casal tinha sobre sua influência no planejamento familiar se desfez por causa do desgosto de Consuelo pela perspectiva de não poder ter filhos.

Consuelo percebeu que, assim que seus sintomas começassem, a progressão do Alzheimer iria, com o tempo, torná-la incapaz de cuidar de crianças. Ela não queria submeter seus filhos ao mesmo trauma, por ela vivido, de perder a mãe para o Alzheimer. Mesmo assim, enquanto conversamos sobre suas inquietações responsáveis e realistas, ela construiu uma refutação persuasiva, que argumentava sobre o valor de sua vida e sua capacidade de sobreviver às desventuras. A despeito de uma infância traumática, Consuelo tinha superado obstáculos enormes até se tornar uma pessoa muito dedicada, que contribuía intensamente para a vida dos outros. Se escolhesse não ter filhos por causa do risco do que eles poderiam suportar, estaria ela dizendo que sua própria vida não tinha valido a pena? O pensamento positivo de Consuelo a convenceu de que, mesmo se ela passasse o gene adiante, poderia muito bem existir uma cura para o Alzheimer no momento em que a criança estivesse crescida o suficiente para desenvolver sintomas. Assim, por que negar a vida agora por medo do futuro?

Algumas pessoas, no entanto, podem não partilhar dessa perspectiva de Consuelo. Para o cônjuge, as desventuras econômicas e emocionais de criar um filho como mãe ou pai solteiro, ou mesmo com a ajuda de outros parentes, podem parecer incompreensíveis diante da projeção de cuidar de um parceiro incapacitado. Alguns questionam a própria habilidade de conviver com a doença desse parceiro, quanto mais o modo como uma criança interferiria nesse processo. Outros consideram cruel trazer crianças ao mundo sabendo que há 50% de probabilidade de transmitir o gene, e duvidam que a cura vai chegar em tempo para a próxima geração.

Embora a gestação de uma criança seja pessoal, social e eticamente um tema complexo, não é uma preocupação para a maioria das famílias que enfrentam o Alzheimer. Ainda assim, há algo mais universal da experiência com o Alzheimer no âmago das perturbações de Consuelo e Juan. As demandas do Alzheimer são carregadas de paradoxos para a pessoa com a doença, para seu parceiro e para aqueles que prestam serviços à família. Somos chamados a ser, ao mesmo tempo, racionais e compassivos, pragmáticos e, ainda assim, intuitivos; permanecemos firmes, enquanto tentamos ser flexíveis, realistas, ainda que esperançosos. Na melhor das circunstâncias, encontramos um modo de equilibrar, validar e usar cada qualidade. Mesmo quando encarados por uma decisão ou um problema primário, nós provavelmente tendemos mais em direção a um lado ou outro dessas instâncias aparentemente contraditórias, e definimos um estilo de vida que é influenciado por nossa atitude diante da vida. Às vezes, os estilos de vida das pessoas são complementares; em outras, eles se chocam.

Técnicas de sobrevivência

Consuelo não negava a gravidade das circunstâncias; ela queria um adiamento em relação a elas e tentava ficar focada nas esperanças. Por ser incapaz de interferir no aparecimento iminente dos sintomas, ela buscava outras vias em sua vida, nas quais pudesse ter escolhas e tomar decisões.

Eu sempre penso positivo. Caso contrário, eu provavelmente estaria sabe Deus onde, principalmente por causa da minha infância. Eu tive que aprender a ser forte. Acho que minha educação me ajudou a ser capaz de superar coisas ruins, e considero a doença de Alzheimer bem ruim. Penso em situações que acontecem em minha vida cotidiana e me pergunto: "Posso consertar isso ou não?". Eu olho para o que posso fazer e isso me ajuda a decidir como proceder. É uma técnica de sobrevivência.

Eu penso muito sobre vir a ter Alzheimer e realmente choro com essa ideia. Mas, a maior parte do tempo, tento ser positiva. Se me vejo chorando, penso: "Não faça isso!". Porque, sem ser positivo, não há vida. Temos que viver para cada dia e curtir tanto quanto possível. Sinto-me grata por estar viva, por ter família e amigos. Temos um lugar onde morar e empregos seguros, então não temos que nos preocupar em morar na rua. Quem considera essas coisas garantidas não passou pelo que passei na infância e não está vivendo o que eu estou agora.

Minhas crenças me ajudam, mas tenho que continuar me lembrando delas. (*Consuelo sorri com sua confissão.*) Como qualquer um faria, eu me questiono: "Por que eu? Sou uma boa pessoa, então por que isso está acontecendo comigo?". Mas só Deus sabe. Não estou brava, mas me sinto desamparada, porque Deus não pode responder minha pergunta com uma

Alzheimer 165

voz humana. Mas percebo que Ele sabe o que está fazendo e vai cuidar de mim. Ele só me vai me dar o quanto posso suportar. Todos nós temos nossos julgamentos; todos passamos por alguma coisa difícil. Eu rezo frequentemente para ter força, e para que meu marido tenha força, supere isso. Tenho que lembrar que meu marido e eu somos apenas humanos.

Estou dormindo melhor agora, mas Juan não está dormindo tão bem. Às vezes, ele está acordado à uma ou às duas da manhã, assistindo à TV porque não consegue dormir. Ele parece deprimido e, em outros momentos, não. Mas eu provavelmente estou do mesmo jeito. Estou sob efeito de Prozac. Isso ajuda um pouco, mas não ajuda tanto quanto eu achava que ajudaria.

Eu tento conversar com ele, mas ele não conversa. É tão difícil fazê-lo falar. Ele guarda tudo dentro de si. Quando verbalizo o que estou sentindo, o estresse vai embora e eu me sinto menos sufocada. Então, pelo menos por um momento, me sinto melhor.

Juan presta muita atenção em mim. Ele é gentil e tem um bom coração. Sei que posso contar com ele no momento. Mas não sei se ele será capaz de lidar com a situação no futuro. Eu me preocupo se ele ficar ressentido comigo. Ele provavelmente vai ficar cansado de cuidar de mim, e eu não desejaria ser um fardo para ele. Eu não desejaria que ele tivesse que passar por tudo isso. Mas agora nós curtimos nosso tempo juntos. Gostamos de acampar; vamos ao cinema; curtimos fazer caminhadas e sair com os amigos. Quando a doença de Alzheimer vem à minha mente, tento simplesmente não pensar nela. Eu digo: "Deus, cuide disso, não posso lidar com isso".

Nenhum de nós pode verdadeiramente prever nosso futuro. Embora algumas coisas possam parecer certas, a vida envolve inúmeras variáveis imprevisíveis, muito além de nosso controle. Mas, já que Consuelo conhecia um componente profundamente influente de seu destino, era como se ela vivesse, às vezes, em duas temporalidades. O conhecimento de que o Alzheimer estava em seu futuro próximo a fazia apreciar entusiasticamente o presente – dos seus relacionamentos, do seu trabalho, da sua fé – e a segurança advinda de confortos básicos que raramente inspiram nossa gratidão consciente, ainda que as imagens do futuro fossem frequentemente sobrepostas em sua vida cotidiana criando uma perspectiva desorientadora e depressiva. Às vezes era dolorosamente difícil se concentrar: mesmo que ela tentasse manter sua atenção no presente, a projeção do Alzheimer era uma parte inseparável e distrativa da experiência.

O pensamento de uma doença à espreita parecia encurtar as imagens de Consuelo do futuro. Algumas pessoas em seus 30 anos estão pensando à frente, com esperanças e metas para os próximos 5 ou 10 anos; quando perguntei a Consuelo sobre algum plano para o futuro, ela falou de umas férias curtas que esperava tirar com seu marido no mês seguinte. Foi o mais longe que ela ousou projetar seus pensamentos.

Olhando à frente

Frequentemente, tenho muitas coisas em minha cabeça e Juan me diz uma coisa, mas eu estou pensando em outra e só ouvindo metade do que ele está dizendo. Algum tempo depois, ele vai me contar novamente e eu vou dizer: "Eu não sabia que você disse isso!". Mas não estou preocupada com a minha memória neste momento. Minha saúde está *o.k.*; eu só me sinto deprimida. De um jeito ou de outro nós vamos conseguir lidar com isso. Entretanto, sei que não tenho Alzheimer agora, do contrário todos estariam em pânico. Mas o ponteiro faz tique-taque e eu penso: "Pare!".

Não quero que me digam se houver descobertas em minhas avaliações anuais no centro de pesquisas que indiquem o aparecimento do Alzheimer. Eu lhe direi quando quiser mais informações. Tão logo eu perceba os sinais, buscarei ajuda. Se eu esquecer onde estou ou aonde estou indo, ou se eu não reconhecer minha família ou alguém que eu deveria conhecer, ou se eu estiver no trabalho e não souber o que estou fazendo, aí ficarei preocupada. Então, vou ter que aceitar que tenho a doença e vou desejar receber qualquer tratamento que estiver ao alcance.

Eu odeio a ideia de que, se eu tiver Alzheimer, vou acabar ficando desamparada. Vão ter que cuidar de mim. Isso me traz lembranças tristes de minha mãe. Sou tão independente e não posso imaginar ter que depender de outros. Mas você tem que encontrar pessoas que te ajudem durante os momentos difíceis. Eu vou tentar um grupo de apoio, mas se não for útil, eu não vou continuar frequentando. Eu sempre tento. Gostaria de aprender maneiras de sobreviver com a doença – estratégias para viver o dia a dia. Não sei se é mais difícil na minha idade do que se eu tivesse 70 anos. Talvez fosse a mesma coisa. Mas eu sempre imaginei ficar doente ou ter Alzheimer quando eu estivesse mais velha, não agora, nos meus 30 anos. Isso realmente me faz querer fazer coisas agora, como viajar, o que provavelmente teria que adiar por muitos anos. Quero conhecer Londres e Paris.

Tenho muitos amigos e familiares que vão me ajudar nessa jornada. Pessoas em minha situação precisam muito de companheirismo e amizade. Minha família me traz paz: Juan, meus pais, minha irmã Sara e algumas amigas. Apenas uma delas sabe. Trabalho com ela e lhe pedi para ficar de olho em mim. Eu lhe avisei sobre o que eu estava passando e lhe pedi para rezar por mim e manter isso em segredo. Ela disse que estaria lá por mim e que eu não me preocupasse. Eu tenho confiança nela. Confio totalmente.

Espero que haja um arco-íris no fundo do túnel. Sou uma sobrevivente e tenho que confiar em Deus. Sinto que vai haver uma cura, ao menos, algo que vai desacelerar a doença. Mas, por favor, apressem-se e descubram!

***

A urgência na fala de Consuelo ressoou comigo enquanto eu deixava seu apartamento e mergulhava de volta nas agitadas ruas do bairro. Nenhum barulho urbano poderia abafar as mensagens persuasivas por ela deixadas. Nem eu desejava isso. Às vezes buscava uns poucos momentos de quietude depois de nossos encontros para contemplação; outras vezes, eu me ocuparia com uma tarefa mundana, com a repetição consoladora de algo controlável, enquanto outros pensamentos cozinhavam lentamente em fogo brando em um queimador ao fundo de minha mente.

Eu gostaria de ver o Alzheimer erradicado. Eu gostaria de encontrar todas essas pessoas sob outras circunstâncias. Sou às vezes surpreendida pela vontade de Consuelo de procurar e manter contato com aqueles dentre nós que podem representar a perspectiva do Alzheimer. Imagino que, na tentativa de ficar focado no presente, alguém poderia querer evitar pessoas que simbolizam uma dimensão assustadora do futuro.

Desse modo, esse é um extraordinário paradoxo nas associações humanas: uma relação fundada sobre algo tão desencorajador quanto o Alzheimer não é necessariamente uma experiência desencorajadora. A previsão ou a experiência do Alzheimer pode ser um desafio profundo para aqueles que vivem com os sintomas e para aqueles que fornecem os cuidados; para muitas pessoas, é difícil achar esse processo muito encorajador. Mas a experiência alienante da doença é frequentemente amenizada pelo refúgio de conexões atenciosas e respeitosas. Embora não sejam uma cura para a doença, elas afastam a adversidade para se tornarem triunfos curativos de outro tipo.

Às vezes é difícil saber o que constitui o cuidado e o respeito. Como nós podemos admitir verdades tão dolorosas e assustadoras e não abalar toda confiança e esperança? Consuelo disse que, além do conhecimento da condição de seu gene positivo, ela atualmente não quer nenhuma outra informação sobre a ausência ou presença de sinais precoces do aparecimento de sintomas. Graças ao respeito por sua autonomia de tomada de decisão e à consideração por seus sentimentos dilacerados, nós honramos seu pedido. É possível, no entanto, que, durante suas avaliações anuais no centro de pesquisas, reconheçamos mudanças sutis e detectemos o aparecimento de sintomas bem antes que Consuelo solicite um *feedback* ulterior ou encontre seus próprios critérios de preocupação. Os remédios atualmente disponíveis, enquanto oferecem possivelmente algum benefício nos estágios iniciais, não podem alterar significativamente o curso do Alzheimer. Mas podem existir tratamentos mais promissores no futuro. Se, nesse momento, ela tiver desenvolvido sintomas que puderem responder à medicação, cuidado e respeito podem significar a reavaliação de seu pedido de não receber *feedback* ulterior sobre sua condição, para que ela possa receber o tratamento disponível.

Embora ainda não diagnosticada com Alzheimer, Consuelo está profundamente afetada pelo impacto dele em sua vida e já está vivendo muitas das preocupações que as famílias enfrentam à medida que o Alzheimer avança: a necessidade de planejar o futuro enquanto ainda focada no presente; as pressões familiares quando os estilos de superação variam; a necessidade de identificar e estabelecer relações de apoio; as tentativas de balancear esperança e realismo para manter o equilíbrio. Diferentemente das outras pessoas retratadas neste livro, para os propósitos dessa entrevista, a identidade de Consuelo está ocultada. Podemos não conhecer exatamente quem é ela, mas também não podemos conhecer o rosto dos muitos outros que vão ser afetados por essa doença no futuro. Nos dias, meses e anos que virão, vai haver muitas pessoas não identificadas, conhecidas e desconhecidas, que vão se juntar aos milhões já diagnosticados com Alzheimer.

Ainda que as características genéticas de Consuelo sejam atípicas, sua voz é crucial para os nossos testemunhos coletivos sobre a vida com Alzheimer. A relativa raridade do gene de sua família que causa o desenvolvimento precoce da doença só intensifica sua solidão e a necessidade da comunidade. Nos anos vindouros, pelos efeitos do histórico familiar ou da ação do acaso, vão existir mais milhares de vozes sob risco de isolamento, cada uma falando das dimensões tanto comuns quanto únicas de sua própria mente. Enquanto isso acontece, nós devemos assegurar a todas elas a existência de uma comunidade de pessoas que vai continuar a ouvir, responder e oferecer a certeza de que, na doença de Alzheimer, cada voz conta.

Parte 3

RESPONDER

Assim como as sete pessoas retratadas neste livro disseram o que pensam para que pudéssemos entender melhor a experiência pessoal do Alzheimer, também milhares de pessoas ao redor do mundo trabalham diligentemente para expandir a mente, fazer perguntas e buscar soluções para prevenir, tratar ou reparar os efeitos da doença. Nos últimos anos, tem existido um fluxo regular de descobertas científicas que contribuem para o *corpus* de conhecimento sobre Alzheimer. Agora os cientistas conhecem muito mais sobre a composição das placas neuríticas e dos emaranhados neurofibrilares que definem o Alzheimer, e as descobertas no campo da genética têm revelado novas dimensões da doença. Agora sabemos que o Alzheimer não é necessariamente causado por um único fator. Ao contrário, uma combinação de influências genéticas e fisiológicas pode interagir diferentemente em cada pessoa com Alzheimer, resultando na instalação de sintomas.

De acordo com o que se conhece até agora, o Alzheimer existe no mundo todo, sem poupar nenhum país ou grupo de pessoas. Há diversos fatores de risco conhecidos. Idade avançada, a existência de ApoE4 (ver Parte 2, p. 155), histórico familiar (um ou ambos os pais ou os irmãos com Alzheimer) e o gênero feminino são os fatores de risco mais significativos. O risco maior em mulheres pode ser atribuído à sua expectativa de vida mais elevada, embora alguns argumentem que os níveis reduzidos de estrogênio após a menopausa podem assumir a função de tornar o cérebro mais suscetível às mudanças do Alzheimer. A terapia com estrogênio, todavia, não é atualmente recomendada para prevenção da doença. Condições médicas que aumentam o risco de Alzheimer incluem diabetes, doença cardíaca, hipertensão (ou pressão alta), doença vascular (derrames cerebrais) e um histórico de ferimento grave na cabeça (resultando em perda da consciência). Algumas evidências sugerem que depressão crônica não tratada pode deixar o cérebro mais vulnerável ao Alzheimer, assim como um nível mais baixo de educação. Não há comprovação de que a doença de Alzheimer é viral, e ela certamente não é contagiosa. Teorias que envolvem exposição ao alumínio perderam há muito o prestígio. Muitas pessoas sem fatores de risco reconhecidos desenvolvem Alzheimer, enquanto outras com um ou mais fatores, jamais o desenvolvem.

Prevenção

Uma área de pesquisas significativas e de amplo interesse público é o adiamento ou a prevenção do Alzheimer. Cientistas agora acreditam que as alterações no cérebro podem começar décadas antes de sintomas aparentes de declínio cognitivo e funcional serem detectados. Atrasar o surgimento ou a progressão dessas alterações se mostraria mais efetivo do que tentar tratar a doença depois do diagnóstico. Estudos de prevenção e recomendações geralmente se encaixam em três categorias: dieta, exercícios físicos e estímulos mentais e sociais.

Muitos dos fatores de risco médicos para Alzheimer anteriormente mencionados podem ser evitados por meio de uma dieta saudável. Reduzir o risco dessas condições médicas significa reduzir o risco de desenvolver Alzheimer. A dieta pode ser um dos mais influentes fatores de estilo de vida na prevenção à doença. A premissa geral é que o que é bom para o coração é provavelmente bom também para o cérebro. A dieta pobre em gorduras saturadas e colesterol e rica em consumo de frutas e vegetais frescos é a melhor possível. Frutas e vegetais de cor escura contêm níveis mais elevados de antioxidantes, que ajudam a reduzir os danos nas células cerebrais. O chá verde tem sido propagandeado como um potente antioxidante, assim como a cúrcuma (também conhecida como turmérico), um ingrediente comum no *curry*. Pesquisadores também estão investigando o papel dos ácidos graxos do ômega-3 na manutenção da saúde do cérebro. O consumo regular de certos tipos de peixe com altos índices de ácidos graxos do ômega-3 está agora associado ao risco reduzido de Alzheimer.

Algumas evidências existem para sugerir que a ingestão moderada de álcool (aproximadamente uma dose ao dia) pode reduzir o risco de Alzheimer; no entanto, os pesquisadores rapidamente alertam que um mínimo acima do nível modesto de consumo de álcool pode ser prejudicial ao cérebro e à saúde. Embora as pesquisas não distingam entre os tipos de álcool consumidos, os possíveis benefícios do vinho tinto têm recebido a maior atenção. O vinho tinto contém resveratrol, uma substância natural ou polifenol que pode ajudar a desmanchar os acúmulos da proteína beta-amiloide, associada às placas do Alzheimer. O suco de romã também é rico em resveratrol e em antioxidantes, apresentando-se como uma alternativa não alcóolica.

Um conjunto crescente de evidências sugere que exercícios aeróbicos rotineiros podem ajudar a prevenir ou adiar o surgimento do Alzheimer. Assim como a dieta, os exercícios podem reduzir o risco das condições médicas ligadas ao Alzheimer, incluindo diabetes, doença cardíaca e derrame. Os exercícios também são essenciais para manter boa circulação sanguínea, o que inclui circulação sanguínea no cérebro. Os cientistas continuam a investigar outros possíveis benefícios dos exercícios ao cérebro, inclusive se podem melhorar certos sintomas de Alzheimer moderado.

Até o momento, existem ainda algumas evidências que indicam que ocupações mentalmente rigorosas, aprendizado contínuo e tarefas criativas desafiadoras podem retardar o aparecimento do Alzheimer. O ditado "use ou fique sem" é muito simplista, já que muitas pessoas bem criativas e intelectualmente ativas desenvolvem a doença. Mas os cientistas investigam se uma educação de qualidade obtida na infância, aliada à estimulação mental ao longo da vida, pode criar uma reserva mais ampla de células nervosas saudáveis (células cerebrais), para evitar os efeitos destrutivos do Alzheimer. Assim como na época dos *baby boomers,* existe um mercado efervescente de jogos para exercitar o cérebro, bem como programas de computador, cadernos de exercícios e aulas destinadas à ginástica mental e ao treinamento da memória. Enquanto a estimulação cognitiva não pode garantir que alguém não vai desenvolver Alzheimer, pesquisas sugerem que se engajar em novas aprendizagens e atividades mentalmente estimulantes é provavelmente bom para a saúde cerebral.

Para uma discussão completa dos fatores dieta e estilo de vida, que podem reduzir o risco de desenvolver Alzheimer, visite o *site* da Associação do Alzheimer e sua campanha "cuide de seu cérebro" (ver Apêndice), ou solicite informações na sede local da associação citada.

Tratamentos

Já se pensou que havia poucos motivos para fazer um diagnóstico precoce do Alzheimer, porque havia poucos tratamentos a serem oferecidos. Agora, os cientistas investigam maneiras de fazer um diagnóstico preciso o mais cedo possível no curso da doença. Avanços nas imagens cerebrais estão proporcionando maneiras de observar diretamente os efeitos do Alzheimer no cérebro em todos os estágios da doença. Ainda que as imagens por si mesmas não possam fornecer um diagnóstico definitivo, podem contribuir com informações valiosas para uma avaliação detalhada. Biomarcadores obtidos por meio de sangue e fluido da coluna vertebral podem também ser ferramentas diagnósticas úteis na medição dos níveis de proteínas associadas ao Alzheimer.

Enquanto trabalham em busca da cura, muitos pesquisadores colocam suas esperanças mais imediatas no aumento da idade em que se instala o Alzheimer, bem como em tratamentos que vão desacelerar a taxa de declínio

176   Papirus Editora

naquelas pessoas que já sentem os sintomas. O diagnóstico precoce permite que os tratamentos sejam administrados o mais rápido possível, quando seus efeitos podem ser os mais potentes e benéficos. Se os sintomas podem ser detectados e contidos o quanto antes, o corpo pode ser capaz de se precaver da progressão do Alzheimer por um período de tempo mais longo.

Durante as duas últimas décadas, os tratamentos têm focado terapias com remédios que possam manter níveis essenciais do neurotransmissor acetilcolina. Neurotransmissores são as substâncias químicas no cérebro que transmitem mensagens entre as células nervosas. A acetilcolina é essencial para o funcionamento da memória e fica significativamente reduzida no cérebro de pessoas com Alzheimer. Para algumas, remédios aprovados como Aricept, Exelon e Razadyne (conhecidos como inibidores da acetilcolinasterase) podem ser eficientes na redução do descontrole desse neurotransmissor e em certa melhora do raciocínio e funcionamento cerebral. Mas não é qualquer um que responde favoravelmente a esses remédios, e aqueles que conseguem tendem a experimentar um pequeno efeito positivo por um período de tempo limitado. Analogamente, uma quarta medicação aprovada, Namenda, tem um efeito limitado para algumas pessoas, ao atingir o glutamato químico cerebral, associado à aprendizagem e à memória. Namenda é frequentemente prescrito em combinação com um inibidor de acetilcolinasterase.

Um número de antioxidantes e anti-inflamatórios tem sido investigado para o tratamento do Alzheimer. Antioxidantes (como a vitamina E) inibem a formação de moléculas instáveis (radicais livres) que podem propiciar danos às células nervosas. Anti-inflamatórios podem ser benéficos por reduzirem a inflamação que pode ocorrer no cérebro. Até agora, os resultados desses estudos não têm sido promissores. Enquanto antioxidantes e anti-inflamatórios são investigados por seus efeitos potencialmente protetores contra o Alzheimer, eles podem ter benefício restrito para aqueles que já vivem com os sintomas. Os pesquisadores ainda estão explorando essas áreas de tratamento potencial.

Outras áreas de pesquisa envolvem a investigação de métodos de interferir na produção corporal da proteína beta-amiloide. Muitos

Alzheimer   177

cientistas acreditam que a causa provável do Alzheimer seja a produção corporal anormal dessa proteína em fragmentos que formam placas aderentes no cérebro. Os pesquisadores investigam métodos de bloquear a gama-secretase, uma enzima que ajuda a criar beta-amiloide. Outros estudos investigam se algum tipo de vacina pode imunizar as pessoas com Alzheimer contra os efeitos nocivos da beta-amiloide.

Um enfoque singular do tratamento envolve o fator de crescimento do nervo (uma substância produzida no cérebro para ajudar as células a trabalharem efetivamente), que está sendo investigado por causa de seu potencial para prevenir a morte celular e retardar a progressão do Alzheimer. Os estudos estão em processo para determinar se o fator de crescimento do nervo, quando injetado diretamente dentro do cérebro, pode ajudar a restaurar as células nervosas sadias.

Para muitas pessoas que vivem com Alzheimer e para aquelas que oferecem seus cuidados, o progresso das pesquisas pode parecer dolorosamente vagaroso. O tempo envolvido na transferência de terapias promissoras dos estudos em laboratório para os testes clínicos e, posteriormente, para tratamentos aprovados pode atingir uma década ou mais. Embora alguns testes clínicos produzam resultados otimistas, outros inúmeros não. E ainda, cada estudo, seja positivo ou negativo, contribui para uma melhor compreensão das muitas dimensões do Alzheimer. Alguns cientistas consideram improvável que a medicação ou o fator estilo de vida seja o remédio mágico. Em vez disso, o tratamento do Alzheimer pode essencialmente incluir uma combinação de terapias que trabalhem juntas para manter os níveis dos neurotransmissores críticos, reduzir a produção da proteína beta-amiloide, melhorar a saúde geral das células nervosas e limitar a morte celular. Novos testes clínicos com remédios, elaborados para alcançar esses objetivos, estão em andamento ao redor do mundo, em um ritmo sempre crescente, e muitos nessa área continuam otimistas em relação ao progresso que está sendo feito. Os cientistas conseguem entender os benefícios potenciais das terapias existentes e desenvolver compostos novos e mais efetivos apenas quando os indivíduos com Alzheimer se voluntariam para esses estudos. Esse trabalho de equipe entre cientistas e pessoas com Alzheimer é essencial para os avanços na prevenção e no tratamento. (Ver o Apêndice para oportunidades de pesquisa.)

Avanços nos cuidados diretos

A parceria com pessoas com Alzheimer se estende para além da comunidade científica, incluindo os provedores de cuidados diretos, que trabalham para manter a dignidade física, emocional e espiritual dos que vivem com sintomas. Como mais pessoas com Alzheimer são capazes de contar sobre suas experiências e seus pensamentos diários, elas nos ensinam modos mais compassivos e efetivos de resposta. Desde os familiares cuidadores até as equipes nas clínicas de longa estadia, o desenvolvimento do cuidado centrado na pessoa é um movimento crescente que reflete um tipo diferente de progresso.

O cuidado centrado na pessoa surgiu no início dos anos 1990 na Grã-Bretanha, por meio do trabalho do professor já falecido Tom Kitwood, psicólogo social, fundador do Grupo sobre Demência da Universidade de Bradford. Kitwood defendia que o cuidado de pessoas com demência deveria incluir o respeito pela história de vida singular de cada uma e suas diferentes necessidades, preferências e métodos de comunicação. Ele notou que métodos tradicionais de cuidado refletem uma "psicologia social maligna" que despersonaliza e desvaloriza as capacidades e o potencial das pessoas com Alzheimer ou com alguma demência correlata. O cuidado centrado na pessoa enfatiza as habilidades remanescentes ao invés das perdas, bem como a criação de ambientes onde as habilidades possam ser percebidas e possam florescer. Os distintos métodos de comunicação, personalidades e necessidades emocionais, físicas e espirituais de cada um são apoiados e afirmados. Ambientes, atividades e agendas são ajustados ao temperamento, aos interesses e às necessidades de cada pessoa, fornecendo, assim, maior autonomia e partilha de decisões, levando em consideração as atividades diárias e as necessidades de cuidados. A construção de uma relação entre o cuidador e o receptor de cuidados cria

Alzheimer 179

uma base sólida que possibilita mais oportunidades para trocas mútuas. O Grupo sobre Demência Bradford mantém um programa de pesquisa e educação que promove a abordagem humanista de Kitwood para o cuidado da demência ao redor do mundo.

Ao mesmo tempo em que o cuidado centrado na pessoa estava se concretizando na Grã-Bretanha, a Alternativa Éden (Eden Alternative) estava se formando nos Estados Unidos, alterando de modo fundamental os ambientes e práticas do cuidado de longo prazo. Desenvolvida por William Thomas, médico formado em Harvard, a missão da Alternativa Éden é "a criação de comunidades que eliminem os malefícios da solidão, do desamparo e do tédio", que podem ser debilitantes para o espírito e o corpo humano. Os ambientes de cuidado de longo prazo devem ser desinstitucionalizados para refletir mais as qualidades vitais e os padrões dos lares, onde hábitos e costumes familiares podem ser mais bem concretizados e afirmados. Jardins, animais domésticos, espaços e decorações interiores convidativos e interação engajada com a comunidade – especialmente com crianças – são as principais atrações do meio externo da Alternativa Éden. Os moradores são participantes ativos na criação de sua ambientação e no planejamento de suas atividades diárias, em vez de receptores passivos dos planos de cuidado institucionalizado. Um número crescente de estudos tem mostrado que a Alternativa Éden é uma prática muito eficiente para melhorar a qualidade de vida e a qualidade dos cuidados aos moradores de longo prazo, cujos resultados indicam uma redução no uso de medicações para modificação do comportamento. A equipe também se beneficia dessas práticas humanizadas, plenas de significado e socialmente afirmativas, permanecendo no programa e sentindo mais satisfação. A Alternativa Éden promoveu recentemente uma nova iniciativa para levar essa filosofia e prática até o cuidado domiciliar e comunitário, com o objetivo de que as famílias possam estar mais bem engajadas e orientadas no cuidado de seus entes queridos.

O Grupo sobre Demência da Universidade de Bradford e a Alternativa Éden se tornaram referências internacionais para a pesquisa inovadora e a prática do cuidado da demência. Enquanto as práticas e os princípios por eles traçados parecem senso comum, não são, na verdade, prática comum nos estabelecimentos de cuidado de longo prazo. Na última década, esses novos paradigmas de cuidado ou "mudança cultural" têm recebido impulso considerável. A Rede Pioneira (Pioneer Network), fundada em 2000 por profissionais nos Estados Unidos que trabalham com cuidado de longo prazo, está assentada sobre as bases do trabalho de Kitwood, Thomas e outros, defendendo uma transformação nas atitudes culturais e nas abordagens do envelhecimento e do Alzheimer. A Rede Pioneira trabalha para mudar a política e regulação governamental, bem como as atitudes pessoais e sociais diante do envelhecimento e do Alzheimer. A mudança cultural se estende à linguagem usada quando se descreve e se cuida de pessoas com essa doença. Desse modo, "paciente" transforma-se em "pessoa", e "comportamentos difíceis" são interpretados não simplesmente como sintomas do Alzheimer, mas como tentativas comunicativas a serem interpretadas e entendidas. Há uma ênfase na compreensão da linguagem das ações e expressões de uma pessoa, quando a linguagem verbal é perdida, assim como na escuta e na busca por expressões persistentes do "eu". Nesse processo, mais empatia e mutualidade são promovidas – somos mais semelhantes do que diferentes, e uma ponte é construída entre nossas humanidades compartilhadas.

Victor Di Meo, um psicólogo aposentado com Alzheimer, fala sobre a necessidade de ser incluído em atividades e relacionamentos significativos, que proporcionem uma sensação de pertencimento e propósito. Mensagens como esta inspiram os princípios que conduzem à mudança cultural e tratam da necessidade duradoura de significado e inclusão:

Algumas pessoas com Alzheimer estão contentes porque têm algo bom acontecendo com elas por dentro ou com suas famílias. Muitas delas permanecem ocupadas e isso é importante, mas o que não me agrada é que nós estamos cada vez mais isolados do que as pessoas estão fazendo e de como são. Muitas pessoas estão sendo abandonadas como se fossem desconhecidas. Eu gostaria de ajudar as pessoas a encontrarem um sentido, em vez de apenas se trancarem em casa e desaparecerem. Eu gostaria de ser parte de algo ao qual eu pertença e que tenha sentido para mim. Margaret Mead contou sobre um lugar cuja cultura celebra as pessoas que têm problemas e lhes dá uma sensação de competência, conhecimento e saúde, enquanto em nossa sociedade nós as tornamos doentes. Se você é diferente e incomum, fazemos com que você sinta que há algo errado com você. Assim, sinto que estamos no caminho errado. Não temos que viver com isso. Deveríamos ajudar as pessoas a se sentirem bem com quem elas são. Por que não criamos uma sociedade em que essas pessoas sejam valorizadas pelo que são? Não vamos abandoná-las. Então, temos que mudar isso, para que as pessoas com Alzheimer se sintam parte de algo, sem nos preocuparmos se lembram ou não o nome de alguma coisa.

Vozes emergentes

Quando este livro foi publicado pela primeira vez, em 1999, ainda era uma novidade ouvir a voz da pessoa com Alzheimer. Os estereótipos insistiam que pessoas com Alzheimer não eram capazes, dentro de sua condição, de pensar e que os sintomas interferiam na habilidade necessária para comunicar seus efeitos. O diagnóstico precoce tem sido útil para ajudar o público na conscientização sobre os estágios iniciais do Alzheimer, quando os indivíduos têm uma habilidade melhor de se expressarem verbalmente. No entanto, o diagnóstico precoce é só parte de uma transformação de consciência. O movimento internacional para prover grupos de apoio às pessoas com Alzheimer inicial tem oferecido espaço aos fóruns onde coordenadores, familiares e colegas que enfrentam sintomas semelhantes estão ouvindo as mensagens latentes daqueles mais intimamente afetados pela doença. Enquanto as conversas no grupo de apoio continuam revelando as experiências subjetivas da vivência com o Alzheimer, as necessidades e preocupações daqueles afetados vêm para a linha de frente. Os profissionais frequentemente acham que os seus melhores professores são as pessoas que podem dizer o que pensam sobre viver e sobreviver com os sintomas. Com frequência sempre mais elevada, os indivíduos com Alzheimer em estágio inicial falam em conferências ou eventos de caridade ou na mídia, para compartilhar suas valiosas perspectivas com outros e para aumentar o conhecimento de todos.

Em janeiro de 2006, a Associação Nacional do Alzheimer comandou o primeiro encontro de seu Grupo Consultivo de Pessoas com Demência em suas sedes em Chicago, para ajudar na organização do atendimento às necessidades e aos desafios de pessoas com Alzheimer ou com uma desordem correlata. Agora o Grupo Consultivo oferece *feedback* sobre as atividades atuais e potenciais da associação e ajuda a desenvolver recomendações que aumentem a participação de pessoas com demência na liderança e nos serviços oferecidos pela associação e seus centros. Os membros atuam por um ano. Na primeira reunião, o Grupo Consultivo identificou um número de temas e recomendações centrais, entre eles:

- Prover mais serviços de estágio inicial e aumentar o acesso a eles;
- Mudar a imagem do Alzheimer por intermédio da mídia e da educação para amenizar estigmas e refletir os estágios mais iniciais da doença;
- Aumentar a educação e a sensibilidade médica acerca do Alzheimer e das desordens correlatas para que as pessoas com demência não se sintam excluídas de suas avaliações e de seus cuidados;
- Envolver as pessoas com demência diretamente no trabalho de defesa e planejamento da Associação do Alzheimer;
- Lidar com as preocupações especiais dos indivíduos recém-diagnosticados;
- Desenvolver novas tecnologias de assistência, tais como celulares ou computadores fáceis de usar, que possam maximizar seu funcionamento para pessoas com demência.

Por meio de suas contribuições e seu ativismo, esses membros do quadro consultivo estão claramente mudando a imagem do Alzheimer, e as organizações para o Alzheimer e o público têm muito a ganhar com suas perspectivas, competências e vozes valiosas. Gradativamente, variados comitês e conselhos ao redor do mundo estão se formando, incluindo pessoas com Alzheimer em seus quadros como parceiros e conselheiros.

Outro fórum para vozes emergentes que continua a ganhar impulso é a instância jurídica. Mike Splaine, diretor dos Programas Governamentais de Política e Advocacia da Associação Nacional do Alzheimer, defende que, embora um pequeno, mas poderoso, grupo de pessoas com sintomas iniciais esteja envolvido com o trabalho jurídico relacionado aos debates sobre Alzheimer, todos deveriam ser convidados a participar:

> A palavra *advogado* vem do latim *advocatus* – aquele que dá voz à causa do outro. Para se tornar um advogado, seja pela ampla consciência pública, pela escrita de uma carta a um legislador ou editor de jornal, por ser parte de um grupo de visita ao capitólio de seu estado, ou pela ida a Washington – todas essas formas diferentes são manifestações do espírito de ser uma voz para si mesmo, ou para colegas, famílias e sociedade.

Assim que a primeira onda dos *baby boomers* começa a chegar aos 50 e 60 anos de idade, suas vozes provam ser um coro emergente que não vai se render silenciosamente ao Alzheimer. Com o crescimento da internet, algumas pessoas jovens com Alzheimer ou com uma demência correlata organizaram-se localmente e internacionalmente para criar redes de *e-mail* e *websites* para compartilhar e advogar, pondo em prática um sentido mais amplo de sua autonomia e seu fortalecimento. Esses *baby boomers* de diagnóstico precoce também constituem um número desproporcionalmente elevado daqueles que buscam meios legais ou formas de fazer sua voz ser ouvida. Sua energia física, sua determinação para mudar o sistema e o sentimento tanto de seus direitos quanto de seu engajamento são agentes poderosos de mudança. Como Consuelo, Chuck Jackson tem uma forma genética hereditária de Alzheimer que resultou em sintomas precoces. Ele tem direcionado parte de sua energia para o trabalho jurídico. Ele trabalha no Quadro Consultivo da Associação Nacional do Alzheimer e viajou para Washington, D.C., para o Fórum Anual de Política Pública da associação. Chuck escreve:

Minha viagem a Washington, D.C., foi ótima, embora seja o tempo que vai dizer o quão eficaz ela foi para convencer o Congresso a continuar financiando pesquisas sobre Alzheimer. Foi animador para mim ver tantas pessoas envolvidas nesse fórum político. Fiquei surpreso e grato por saber em primeira mão que todos os nossos representantes no Congresso trabalhavam para nos receber e ouvir nossa história. Todos eles estavam felizes por conversar conosco sobre os temas relacionados ao Alzheimer e por encontrarem em mim uma pessoa com demência que advoga para si mesma.

À medida que nossas reuniões prosseguiam durante os três dias de treinamento, mais e mais pessoas com demência chegavam. Vi-me conversando com pessoas com a minha idade, algumas mais jovens, outras mais velhas, mas todas com Alzheimer precoce. Comparamos nossas impressões sobre remédios, sintomas e emoções ao lidar com a doença. Muitas delas me disseram que tinham vindo apenas para me ouvir falar dos assuntos envolvendo Alzheimer precoce. Elas estavam assustadas com o fato de estarmos sendo reconhecidos e ouvidos. Era uma coisa maravilhosa ver companheiros de todos os cantos do país unidos para mudar a cara da doença.

Um esforço coletivo

Todos nós confiamos uns nos outros ao dividir as esperanças e descobertas científicas, sociais e pessoais, e os esforços para entender e tratar o Alzheimer. No grupo de apoio semanal que organizamos para pessoas com Alzheimer no Centro de Pesquisas sobre a Doença de Alzheimer Shiley-Marcos, da Universidade da Califórnia, San Diego, os participantes têm discutido o significado de *esperança* e o que constitui ou inspira esse sentimento. Muitos se referem à importante inspiração de contínuos resultados de pesquisa, ao amor prestativo da família e dos amigos, à importância de manter atividades significativas e ao fato de simplesmente acordar a cada dia. Essas e muitas outras experiências essenciais inspiram o sentimento de que, apesar de consideráveis desafios, há oportunidade de possibilidades encorajadoras. Um comentário de uma das participantes do grupo foi além ao falar do papel fundamental da esperança para o sentido básico que ela atribui à identidade: "Em vez de acreditar no 'Eu penso, logo existo', eu digo 'Eu *espero*, logo existo'".

Mais que um pensamento claro e convincente, a descoberta e a experiência de possibilidades esperançosas podem se tornar o núcleo da existência e compor o combustível do ser, quando os pensamentos se tornam fragmentados e gradativamente não familiares. Quando a memória e a intelecção diminuem, as pessoas com Alzheimer podem ainda experimentar a esperança de que vão ser tratadas com gentileza e dignidade; a esperança de experiências prazerosas e o alívio contra a dor física e emocional; a esperança da conexão quando se sentem segregadas por causa de seus sintomas; a esperança de que estamos ouvindo quando tentam se comunicar.

Os indivíduos retratados neste livro nos deram a oportunidade de ouvir suas reflexões, experiências, inspirações e preocupações. Se nós conseguimos melhorar nossas percepções nesse processo, então aprendemos o valor de ouvir. E isso é essencial. Para o que quer que questionemos como cientistas, familiares, profissionais ou pessoas comuns, a mente de pessoas com Alzheimer tem muito mais mensagens que estão esperando para serem ditas.

Questões para discutir

Os pensamentos listados abaixo para discussão ou reflexão servem como um meio de facilitar o diálogo, fortalecer o aprendizado, construir pontes entre experiências compartilhadas e abrir portas para uma comunicação mais aprofundada.

- Você tinha algumas pressuposições sobre pessoas com Alzheimer antes de ler este livro?
- Alguma dessas pressuposições mudou? Como?
- Você ficou surpreso com alguma coisa que esses indivíduos com Alzheimer disseram? O que o surpreendeu e por quê?
- O que você aprendeu sobre os sintomas do Alzheimer? Existe alguma experiência desses sintomas com a qual você se identifica?
- Que tipos de sentimentos cada um desses indivíduos com Alzheimer descreveu e quais eram as circunstâncias? Quando você experimentou sentimentos similares?
- Você se identificou pessoalmente com algum dos entrevistados por causa de histórias, interesses, traços de personalidade semelhantes, ou outros motivos?

- Se você desenvolver Alzheimer, ou se você já está atualmente vivendo com ele, como você quer ser tratado pelos outros?
- Você tem dúvidas sobre a experiência do Alzheimer?

Se você quiser compartilhar suas próprias reflexões com pessoas com Alzheimer ou tirar alguma dúvida, entre em contato com Lisa Snyder pelo endereço lsnyder@ucsd.edu. Eu tenho o privilégio contínuo de trabalhar diariamente com muitas pessoas extraordinárias com Alzheimer, que podem querer dizer o que pensam em resposta à sua pergunta.

Apêndice

Fontes selecionadas

As fontes abaixo podem ser úteis para adquirir mais informações sobre Alzheimer e desordens correlatas:

Alzheimer's Disease Education and Referral (Adear)

Caixa Postal: 8250 | Silver Spring, MD 20907-8250

Telefone: 800-438-4380| Fax: 301-495-3334

E-mail: adear@nia.nih.gov ou adear@alzheimers.org

Website: http://www.nia.nih.gov/Alzheimers/

Fundado pelo Instituto Nacional do Envelhecimento (National Institute on Aging – NIA), o Adear é um órgão central autorizado a coletar, catalogar e distribuir informações sobre a doença de Alzheimer. O Adear responde a pedidos por informação sobre Alzheimer, incluindo atualizações nas pesquisas, recomendações de leitura e meios de superação. Eles também podem direcioná-lo ao Centro da Doença de Alzheimer mais próximo fundado pelo NIA.

ClinicalTrials.gov

Website: http://clinicaltrials.gov

Fundado pelos Institutos Nacionais de Saúde (National Institutes of Health – NIH), ClinicalTrials.gov fornece um registro dos testes clínicos públicos e privados para a doença de Alzheimer e outras desordens correlatas. O *website* oferece informações sobre o propósito dos testes, quem pode participar, os lugares onde acontecem e referências pertinentes de contato.

National Alzheimer's Association

225 North Michigan Avenue, 17º andar | Chicago, IL 60601-7633

Telefone: 800-272-3900 | Acesso TDD: 866-403-3073

Fax: 866-699-1246 | *E-mail*: info@alz.org

Website: http://www.alz.org

Fundada em 1980 com sedes espalhadas pelo mundo todo, a Associação do Alzheimer é uma organização voluntária de saúde, dedicada à pesquisa sobre Alzheimer, bem como à educação e ao apoio às pessoas com Alzheimer ou com uma desordem correlata, aos seus familiares e cuidadores. A sede nacional pode direcioná-lo à sede de sua região.

National Alzheimer's Association Advocacy and Public Policy Division

1319 F Street, NW | Suite 500

Washington, D.C. 20004 | Telefone: 202-393-7737

Fax: 866-865-0270 | *E-mail*: advocate@alz.org

Website: http://www.alz.org/join_the_cause_advocacy.asp

Esse órgão rastreia, cria e promove legislações e políticas públicas importantes relacionadas à doença de Alzheimer, e organiza um fórum jurídico anual em Washington, D.C.

Alzheimer's Disease International (ADI)

64 Great Suffolk Street | Londres SEi-oBL

Reino Unido | Telefone: 44 20 79810880

Fax: 44 20 79282357 | *E-mail*: info@alz.co.uk

Website: http://www.alz.co.uk

A Doença de Alzheimer Internacional (Alzheimer's Disease International – ADI) é uma organização guarda-chuva das associações de Alzheimer do mundo todo, que oferece apoio e aconselhamento às pessoas com Alzheimer e às suas famílias. A ADI se conecta com sedes internacionais, incentiva a pesquisa, apoia uma conferência internacional anual e distribui informações.

Dementia Advocay and Support Network International (Dasni)

Website: http://www.dasninternational.org/

A Rede Internacional de Apoio e Advocacia para Demência (Dasni) é uma organização fundada pela internet e uma rede de apoio organizada por e para pessoas com demência ao redor do mundo, que tem por objetivo melhorar a qualidade de vida por meio da educação, da advocacia, de um *chat room on-line* e de outras oportunidades da rede.

Perspectives – A Newsletter for Individuals with Alzheimer's or a Related Disorder

E-mail: lsnyder@ucsd.edu

Website: http://adrc.ucsd.edu/news.html

Esse periódico internacional trimestral é publicado pela Universidade da Califórnia, San Diego, no Centro de Pesquisas sobre a Doença de Alzheimer Shiley-Marcos (editora Lisa Snyder, LCSW). Cada edição contém ensaios ou reflexões de pessoas com Alzheimer ou com uma desordem correlata, dicas de superação, atualizações das pesquisas e artigos sobre temas da vida diária. Contate Lisa Snyder pelo endereço lsnyder@ucsd.edu para a assinatura eletrônica gratuita.

Fontes selecionadas no Brasil

Associação Brasileira de Alzheimer (Abraz)

Telefone/fax: (11) 3237-0385 / 0800-551906

E-mail: abralzheimer@gmail.com

Website: http://www.abraz.com.br

Associação de Parentes e Amigos de Pessoas com Alzheimer, Doenças Similares e Idosos Dependentes (Apaz)

Avenida Mal. Floriano, 65 | Rio de Janeiro – RJ

CEP: 20080-004 | Telefones: (21) 2223-0440 / 2518-1410

Website: http://www.apaz.org.br

Instituto Alzheimer Brasil (IAB)

Telefone: (41) 9138-0454

Website: http://www.facebook.com/institutoalzheimerbrasil

Dr. Cérebro – Saúde Física, Mental e Espiritual

Website: http://www.doutorcerebro.com.br

Esse *site* contém artigos sobre o Alzheimer e outras doenças similares.